BestMasters

Mit „**BestMasters**" zeichnet Springer die besten Masterarbeiten aus, die an renommierten Hochschulen in Deutschland, Österreich und der Schweiz entstanden sind. Die mit Höchstnote ausgezeichneten Arbeiten wurden durch Gutachter zur Veröffentlichung empfohlen und behandeln aktuelle Themen aus unterschiedlichen Fachgebieten der Naturwissenschaften, Psychologie, Technik und Wirtschaftswissenschaften. Die Reihe wendet sich an Praktiker und Wissenschaftler gleichermaßen und soll insbesondere auch Nachwuchswissenschaftlern Orientierung geben.

Springer awards "**BestMasters**" to the best master's theses which have been completed at renowned Universities in Germany, Austria, and Switzerland. The studies received highest marks and were recommended for publication by supervisors. They address current issues from various fields of research in natural sciences, psychology, technology, and economics. The series addresses practitioners as well as scientists and, in particular, offers guidance for early stage researchers.

Laura Bartsch

Strukturwandel im Krankenhaus und Perspektiven interner Audits

Eine Mixed-Methods Analyse

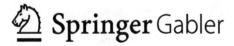 Springer Gabler

Laura Bartsch
Wirtschaftswissenschaften
Universität Duisburg-Essen
Ulm, Deutschland

ISSN 2625-3577   ISSN 2625-3615   (electronic)
BestMasters
ISBN 978-3-658-46946-7   ISBN 978-3-658-46947-4   (eBook)
https://doi.org/10.1007/978-3-658-46947-4

Die Deutsche Nationalbibliothek verzeichnet diese Publikation in der Deutschen Nationalbibliografie; detaillierte bibliografische Daten sind im Internet über https://portal.dnb.de abrufbar.

Planung/Lektorat: Karina Kowatsch
Springer Gabler ist ein Imprint der eingetragenen Gesellschaft Springer Fachmedien Wiesbaden GmbH und ist ein Teil von Springer Nature.
Die Anschrift der Gesellschaft ist: Abraham-Lincoln-Str. 46, 65189 Wiesbaden, Germany

Inhaltsverzeichnis

Abkürzungs- und Akronymverzeichnis

Bzw.	beziehungsweise
Ca.	circa
CAWI	Computer assisted web interview
CFRR	Centre for Financial Reporting Reform
DGQ	Deutsche Gesellschaft für Qualität
DKG	Deutsche Krankenhausgesellschaft
G-BA	Gemeinsamer Bundesausschuss
IACOP	Internal Audit Community of Practice
i. d. R.	In der Regel
ISO	International Organization for Standardization
IQTIG	Institut für Qualitätssicherung und Transparenz im Gesundheitswesen
KPI	Key Performance Indicator
KVP	Kontinuierlicher Verbesserungsprozess
NRW	Nordrhein-Westfalen
OP	Operation
PDCA	Plan, do, check, act
PEMPAL	Public Expenditure Management Peer Assisted Learning networks
PwC	Pricewaterhouse Coopers
QFD-RL	Qualitätsförderungs- und Durchsetzungs-Richtlinien
QIDB	Qualitätsindikatorendatenbank
QM	Qualitätsmanagement
QMB	Qualitätsmanagementbeauftragter
QM-R	Qualitätsmanagement-Richtlinien

QMS	Qualitätsmanagementsystem
SOP	Standard Operating Procedures
u. a.	Unter anderem
v. a.	Vor allem
VA	Verfahrensanweisung
VK	Vollzeitkräfte
WIP-Limit	Work-in-Progress-Limit
z. B.	Zum Beispiel

Tabellenverzeichnis

Einleitung

1

Unsere Welt ist kontinuierlichen, wechselnden und unvorhersehbaren Bedingungen und Anforderungen ausgesetzt. Um auf diese Komplexität und Geschwindigkeit an Veränderungen richtig zu reagieren und diese Herausforderungen anzunehmen, ist eine flexible Umstrukturierung der bisherigen Vorgehensweisen und Maßnahmen notwendig.[1] Der Einsatz einer agilen Arbeitsweise bietet Unternehmen dahingehend die Möglichkeit, diese schnellen Veränderungen zu gestalten und zukünftig weiterhin wettbewerbsfähig zu bleiben. Durch flexible und dynamische Anpassungsfähigkeiten kann zu jeder Zeit auf Veränderungen reagiert werden, um dadurch Arbeitsabläufe effektiver zu gestalten. Das Resultat agiler Vorgehensweisen zeigt sich insbesondere in einer besseren Kundenorientierung, besserer Kommunikation durch regelmäßige Feedbacks sowie in der Steigerung der Qualität.[2]

Diese Herausforderungen an komplexen Veränderungen betreffen auch den deutschen Gesundheitssektor. Durch den demografischen Wandel und die zunehmenden Fortschritte in der Medizin und Forschung sind spezialisierte Prozesse notwendig, um die Versorgungsqualität zu erhöhen und sich an die stetig ändernden Bedingungen des Gesundheitssektors anzupassen.[3] Der vorgesehene Strukturwandel innerhalb der deutschen Krankenhauslandschaft ist notwendig, um bestehende Strukturen zu ändern, zu erweitern und zu verbessern. Dadurch soll weiterhin eine flächendeckende medizinische Versorgung gewährleistet werden.[4]

---

[1] Vgl. Michl (2018), S. 4.
[2] Vgl. Helmold & Dathe (2023), S. 133 f.
[3] Vgl. Kassenärztliche Bundesvereinigung (2017), S. 1
[4] Vgl. Kassenärztliche Bundesvereinigung (2017), S. 1.

Der Appell der deutschen Krankenhausgesellschaft (DKG) lautet: „Der bevor-stehende Strukturwandel in der Krankenhauslandschaft ist nach Einschätzung der DKG dringend erforderlich, um die flächendeckende Patientenversorgung nachhaltig zu sichern."[5]

Audits gewinnen als Instrument zur Qualitäts- und Patientensicherung in Gesundheitseinrichtungen immer mehr an Bedeutung. Diese erfolgen in Form von Prüfprozessen anhand festgelegter Auditkriterien. Um auch in sich stetig ändern-den Strukturen in der Krankenhauslandschaft eine fortlaufend funktionierende Qualitätssicherung bereit zu stellen, ist es sinnvoll, die bestehenden Auditstruktu-ren zu optimieren. Hierbei können die Methoden der agilen Arbeitsweise in Form von agiler Auditierung auf den Auditprozess übertragen werden. Diese bieten die Möglichkeit, durch ein iteratives Vorgehen besser auf Auditrisiken zu reagieren und die Durchlaufzeiten zu verkürzen. Durch agile Audits werden Abläufe sowohl modernisiert als auch flexibler und anpassungsfähiger.

1.1   Ziel

Auf dieser Grundlage verfolgt diese Masterarbeit das Ziel, im theoretischen Rah-men die Kernempfehlungen des Strukturwandels in Krankenhäusern aufzuzeigen. Um interne Audits als wichtige Prüfinstrumente zur Qualität und des Patienten-wohls zu fokussieren, werden die Perspektiven dieser Audits aufgezeigt. Dabei werden insbesondere Verbesserungsansätze interner Audits herausgearbeitet.

Da Agilität auch im Krankenhaussektor, insbesondere im Qualitätsmanage-ment (QM), einen wertvollen Beitrag zur Prozessoptimierung und Qualitätsver-besserung leisten kann, werden klassische Konformitätsaudits von agilen Audits abgegrenzt. Die identifizierten Verbesserungsansätze werden hinsichtlich beider Auditarten bewertet und Unterschiede sowie Gemeinsamkeiten herausgearbeitet.

Der aktuelle Forschungsstand zeigt, dass agile Audits nur begrenzt in Gesundheitseinrichtungen etabliert sind. Dahingehend wird zum einen empirisch erforscht, inwiefern agile interne Audits das Potenzial haben, mehr Anwendung im klinischen Qualitätsmanagement zu finden. Zum anderen wird untersucht, inwiefern agile Auditierung ergänzend zu klassischen Konformitätsaudits heran-gezogen werden kann, um effektive und effiziente Auditergebnisse zu erzielen. Folglich soll diese Arbeit einen Beitrag dazu leisten, die derzeit bestehenden For-schungslücken zu schließen und das Potenzial agiler Audits im Gesundheitswesen weiter zu erforschen.

---

[5] Deutsche Krankenhausgesellschaft (2023), S. 1.

1.2 Methodik

Anhand einer systematischen Literaturrecherche wurden insbesondere Publikatio-nen zum theoretischen Teil erhoben. Das methodische Vorgehen basiert auf dem Mixed-Methods Design im Rahmen des Vertiefungsmodells, um eine mehrper-spektivische Betrachtung des vorliegenden Forschungsgegenstandes zu erreichen. Zunächst wurden quantitative Daten zur Struktur des Krankenhauses sowie Daten zum Qualitätsmanagement und internen Audits in Form einer Online-Befragung erhoben. Auf dieser Grundlage erfolgt die qualitative Datenerhebung durch Experteninterviews, die durch die qualitative Inhaltsanalyse nach Udo Kuckartz ausgewertet werden.

Die Begründung für die Wahl der Mixed-Methods Vorgehensweise erfolgt auf der Grundlage der separaten Darstellung quantitativer und qualitativer For-schungsmethoden mit ihren individuellen Stärken und Schwächen. Dabei werden die identifizierten Schwächen einer Methode mit den Stärken der jeweils anderen Methode ausgeglichen, um eine umfangreiche Betrachtung des Forschungsgegen-standes zu erreichen. Daneben wurden nach Greene et al. festgelegten Kriterien für die Begründung des Mixed-Methods Designs herangezogen.

1.3 Aufbau

In Kapitel 2 werden zunächst die Begrifflichkeiten in Bezug auf Qualität und Qualitätsmanagement geklärt. Darauf folgen die Kernempfehlungen des Struktur-wandels in Krankenhäusern, insbesondere in Bezug auf Qualitätssicherung.

Im 3. Kapitel erfolgt die Definition interner Audits. Darüber hinaus wird der Ablauf eines klassischen Konformitätsaudits dargestellt.

Die Erläuterung der theoretischen Grundlagen zu Agilität schließt sich in Kapitel 4 an. Dabei wird der Ursprung der Agilität anhand des agilen Mani-fests und den 12 agilen Prinzipien erläutert. Darüber hinaus wird der Status quo der agilen Arbeitsweise in Deutschland im weltweiten Vergleich betrachtet. Auf dieser Grundlage wird Bezug auf agile Methoden wie Scrum und Kanban genommen.

Darauf folgt in Kapitel 5 die Beschreibung der Methodik und das For-schungsdesign dieser Arbeit. Zudem werden die wichtigsten Kennzahlen zur Leistungsmessung interner Audits aufgeführt, die in Bezug zur angewandten Balanced Scorecard als Managementinstrument gesetzt werden. Anschließend folgt eine ausführliche Begründung für die Wahl des Forschungsdesigns.

Im Rahmen der quantitativen Forschung wird in Kapitel 6 die quantitative Datenerhebung mittels einer Online-Befragung dargestellt und die Stichprobe beschrieben. Ebenso werden die Erkenntnisse durch den vorab durchgeführten Pretest aufgeführt und die wichtigsten Erkenntnisse für die quantitative Datenerhebung abgeleitet.

Auf die quantitative Forschung folgt in Kapitel 7 die qualitative Datenerhebung in Form von qualitativen Experteninterviews. Diesbezüglich wird die Rekrutierung der Stichprobe erläutert und das Datenerhebungsinstrument des Interviewleitfadens aufgeführt.

Die Ergebnisdarstellung der quantitativen und qualitativen Forschungsdaten erfolgt im 8. Kapitel. Die quantitative Datenauswertung erfolgt deskriptiv und wird statistisch anhand von Häufigkeitstabellen und Kreuztabellen dargestellt. Die qualitativen Ergebnisse werden anhand einer qualitativen Inhaltsanalyse nach Kuckartz mit einem entwickelten Kategoriensystem ausgewertet.

Im letzten Kapitel dieser Arbeit werden die Ergebnisse der quantitativen und qualitativen Forschung im Rahmen des Mixed-Methods Designs zusammengeführt und hinsichtlich der Forschungsfragen abschließend diskutiert. Des Weiteren werden Limitationen dieser Arbeit genannt und abschließend Ausblicke auf zukünftige Forschung gegeben.

Zur besseren Lesbarkeit wird in dieser Masterarbeit das generische Maskulinum verwendet. Mit allen Formulierungen werden damit alle Geschlechter gleichermaßen angesprochen.

Strukturwandel im Krankenhaus

2

Die aktuelle Krankenhausreform verfolgt drei übergeordnete Ziele: „Sicherung und Steigerung der Behandlungsqualität, Gewährleistung einer flächendeckenden medizinischen Versorgung für Patientinnen und Patienten sowie Entbürokratisierung."[1]

Die Regierungskommission betitelt die Empfehlungen zur Qualitätssicherung als „Weiterentwicklung der Qualitätssicherung, des Qualitäts- und des klinischen Risikomanagements. Mehr Qualität – weniger Bürokratie"[2]. Diese Empfehlungen verfolgen den Ansatz, durch die Einführung neuer oder durch die Weiterentwicklung bestehender Qualitätsinstrumente, die Qualität im Rahmen des Qualitätsmanagements zu steigern.[3]

Darüber hinaus verfolgt der Strukturwandel weitere Themen, die durch die Reform beachtet werden sollen. Da diese Arbeit die internen Audits im Qualitätsmanagement untersucht, wird im weiteren Verlauf primär Stellung zu den relevanten qualitätsbezogenen Kernempfehlungen des Strukturwandels genommen. Es wird erläutert, welchen Bezug interne Audits im Qualitätsmanagement zum Strukturwandel haben.

---

[1] Bundesministerium für Gesundheit (2023), o. S.

[2] Bundesgesundheitsministerium (2023), o. S.

[3] Vgl. Bundesgesundheitsministerium (2023), o. S.

2.1   Begriffsklärungen

Um den Zusammenhang zwischen dem Strukturwandel der Krankenhäuser hinsichtlich der Qualitätsaspekte und internen Audits zu verstehen, ist es wichtig, die Qualitätsbegriffe zu verdeutlichen. Auf dieser Grundlage werden im Folgenden die Begriffe des Qualitätsmanagements, der Qualität sowie der Qualitätssicherung mit ihren Indikatoren definiert. Darauf folgt die Darstellung der Kernempfehlungen des Strukturwandels hinsichtlich des Qualitätsmanagements.

2.1.1   Qualitätsmanagement

Qualität und Qualitätsmanagement spielen in unterschiedlichen Bereichen eine zentrale Rolle. Daher wurden branchenübergreifend die Regelungen für ein Qualitätsmanagementsystem (QMS) von der International Organization for Standardization (ISO) als weltweite Norm als DIN EN ISO 9001 definiert.[4] „Qualitätsmanagement ist ein übergeordneter Begriff, der alle Aspekte zum Sichern und Fortentwickeln der Qualität in Bezug auf eine Organisation umfasst. Es beinhaltet systematische und koordinierte Maßnahmen zur Planung, Lenkung, Kontrolle und Verbesserung von Prozessen und Abläufen mit verschiedenen spezifischen Instrumenten und ist primär von der Unternehmensleitung zu verantworten, sollte aber von allen Mitarbeitern mitgetragen werden."[5] Einen zentralen Stellenwert im Qualitätsmanagement nimmt der Qualitätsverbesserungsprozess, der PDCA-Zyklus nach W. Edwards Deming, ein. In den vier Schritten Plan, Do, Check, Act werden Qualitätsziele und Messgrößen definiert, Maßnahmen umgesetzt und geprüft sowie darauf aufbauend das weitere Vorgehen bestimmt.[6] Nach der DIN EN ISO 9000:2015 bilden die sieben Grundsätze Kundenorientierung, Führung, Engagement der Person, Prozessorientierter Ansatz, Verbesserung, Faktenbasierte Entscheidungsfindung und Beziehungsmanagement die Grundlage des Qualitätsmanagements. Durch die Umsetzung der Qualitätsgrundsätze wird ein bereichsübergreifendes und umfassendes Management angestrebt. Die Kundenorientierung richtet sich an die bestmögliche Kundenbindung und -zufriedenheit und die allgemeine Bedürfniserfüllung des Kunden für einen nachhaltigen Erfolg des Unternehmens. Die Führungskräfte müssen die Verantwortung über die Steuerung und Durchführung der Prozesse übernehmen. Ein weiterer wesentlicher

---

[4] Vgl. Mertens (2020), S. 25.
[5] Wallner (2020), S. 340.
[6] Vgl. Wallner (2020), S. 340.

Aspekt ist das Engagement und der Einbezug der Mitarbeiter in die Qualitätsprozesse. Dadurch soll die Effektivität und die Effizienz des Unternehmens erhöht werden. Das Engagement und die Motivation der Mitarbeiter können beispielsweise durch Mitarbeiterbefragungen oder Workshops gesteigert werden. Um effektive Prozessabläufe und -optimierungen zu generieren, ist der prozessorientierte Ansatz hilfreich. Zusammenhängende Prozesse müssen definiert, implementiert sowie über Schnittstellen aufeinander abgestimmt werden. Durch den Grundsatz der Verbesserung soll die kontinuierliche Optimierung der Prozesse und Abläufe gewährleistet werden. In der Regel werden dafür Qualitätszirkel mit Besprechungen, Audits oder Fehleranalysen herangezogen. Bei der Faktenbasierten Entscheidungsfindung müssen verschiedene Aspekte erfasst und berücksichtigt werden. Für eine effektive Organisation und Entscheidungsfindung müssen diese Aspekte mit Zahlen, Daten und Fakten belegt werden. Das Beziehungsmanagement fokussiert die Einbindung und Berücksichtigung unterschiedlicher Parteien und Dienstleistungen.[7]

2.1.2 Qualität

Qualität lässt sich vielfältig definieren. In der DIN EN ISO 9001:2015, welche auch im Gesundheitswesen Anwendung findet, wird Qualität als „Vermögen einer Gesamtheit inhärenter Merkmale eines Produkts, eines Systems oder eines Prozesses zur Erfüllung von Forderungen von Kunden und anderen interessierten Parteien"[8] definiert. Nach Avedis Donabedian wurde die erste, auf den Gesundheitsbereich bezogene, Definition von Qualität angeführt, indem Qualität in die Struktur-, Prozess- und Ergebnisqualität eingeteilt wird. Die Strukturqualität bezeichnet die für die Patientenbehandlung vorliegenden Ressourcen. Dazu zählen u. a. sowohl Mitarbeiterqualifikationen sowie technische Ressourcen. Die Prozessqualität umfasst dagegen den vollständigen Prozess der Behandlung mit allen dazugehörigen Facetten. Unter der Ergebnisqualität wird das Erreichen der im Voraus festgelegten Erwartungen und Ziele an eine Behandlung verstanden.[9]

---

[7] Vgl. Dahl (o. J.), o. S.
[8] Wallner (2020), S. 339.
[9] Vgl. Wallner (2020), S. 339.

2.1.3   Qualitätssicherung

Die Qualitätssicherung bildet einen wichtigen Teil des Qualitätsmanagements. Auch dieser Begriff lässt sich vielseitig definieren. „Im weiteren Sinne bedeutet Qualitätssicherung, dass die im Gesundheitswesen Agierenden sich durch geeignete Maßnahmen vergewissern, dass die Qualität ihrer Ergebnisse definierte Mindeststandards nicht unterschreitet. Sie hat auch den Aspekt, den Kunden dieses Einhalten von Qualitätsstandards zuzusichern [...]."[10] In Bezug auf den Gemeinsamen Bundesausschuss (G-BA) werden unter der Qualitätssicherung „sämtliche qualitätsbezogene Aufgaben"[11] verstanden.[12]

2.1.4   Qualitätsindikatoren

Darüber hinaus sind Qualitätsindikatoren in Bezug auf die Qualitätssicherung im Gesundheitswesen zu betrachten. Dabei handelt es sich um „fest definierte Kriterien, anhand deren sich medizinische Qualität in einem Krankenhaus oder in einer Praxis messen, darstellen und vergleichen lässt".[13] Um Ergebnisverbesserungen in der Gesundheitsversorgung für Patienten durch Qualitätsindikatoren zu erreichen, ist es erforderlich, je nach Zweck die richtigen Qualitätsindikatoren anzuwenden. Das Institut für Qualitätssicherung und Transparenz im Gesundheitswesen (IQTIG) bestimmt die dazugehörigen Methoden zur externen Qualitätsförderung und -sicherung. In einer Qualitätsindikatorendatenbank (QIDB) sind die Qualitätsindikatoren für die stationäre und sektorübergreifende Sicherung aufgeführt.[14]

---

[10] Wallner (2020), S. 340.
[11] Wallner (2020), S. 340.
[12] Vgl. Wallner (2020), S. 340.
[13] IQTIG (o. J.), o. S.
[14] Vgl. IQTIG (o. J.), o. S.

2.2 Empfehlungen Strukturwandel

Um eine umfassende Gesundheitsversorgung zu gewährleisten, sind effektive und effiziente Qualitätsstrukturen in Krankenhäusern notwendig, die im Rahmen des Strukturwandels erläutert werden. Der Strukturwandel der Krankenhäuser thematisiert den erweiterten Einsatz von Ergebnisindikatoren, die der Bewertungsgrundlage im Qualitätsmanagement dienen. Darüber hinaus soll der bürokratische Aufwand für die Bereiche des Qualitätsmanagements, der Qualitätssicherung sowie des klinischen Risikomanagements durch vereinfachte Regelungen sowie eine bessere Abstimmung untereinander reduziert werden.[15] Einen zentralen Reformaspekt stellt auch die zukünftige Steigerung der Patientensicherheit dar.[16] Darüber hinaus ist zukünftig eine verstärkte interdisziplinäre Zusammenarbeit bezüglich der Auditierung vorgesehen. Der Fokus dieser Audits soll dabei künftig auf den Inhalten der weiterentwickelten Qualitätsmanagement-Richtlinien (QM-RL) liegen.[17]

In den vergangenen Jahren ist es bereits gelungen, effiziente Qualitätsinstrumente im Bereich des klinischen Qualitätsmanagements zu etablieren und dadurch sowohl die Qualität als auch die Sicherheit zu steigern. Dennoch besteht Bedarf, die bisher genutzten Qualitätssicherungsinstrumente zu prüfen und bei Bedarf weiterzuentwickeln. Auf dieser Grundlage müssen die Qualitätsmanagement-Richtlinien des Gemeinsamen Bundesausschusses (G-BA) und deren Anforderungen klar und einheitlich in einem Katalog formuliert werden und spezifisch auf die Fachbereiche angewendet werden. Ziel ist es, die entsprechenden Anforderungen durch Audits zu prüfen und qualitativ auszuwerten. Dafür sind Qualitätsinstrumente mit dem Bezug zur medizinischen Leistungsverbesserung erforderlich. Diesbezüglich sind folgende Ergänzungen vorgesehen (Auszug):[18]

- Ausbildungen und Schulungen zur Weiterbildung für alle beteiligten Beschäftigten
- Kennzahlen und Ergebnisse dieser Kennzahlen aus der Qualitätssicherung und -messungen

---

[15] Vgl. Bundesgesundheitsministerium (2023), S. 3 ff.

[16] Vgl. Clinotel (o. J.), o. S.

[17] Vgl. Bundesgesundheitsministerium (2023),S. 24.

[18] Vgl. Bundesgesundheitsministerium (2023), S. 16 f.

- Sicherstellung des zuständigen Personals für das Qualitäts- und Risikomanagement[19]

Um sowohl die Qualität als auch die Strukturen der Prüfprozesse sicherzustellen, bedarf es entsprechende Auditoren, die „außer über eine Befähigung im Qualitätsmanagement, in der Qualitätssicherung und im klinischen Risikomanagement auch über eine solche im Auditwesen verfügen."[20] Durch das Ziel der Vereinheitlichung der Qualitätsbewertung und die Vorgaben zur Qualitätsförderung und Qualitätssicherung ist darauf zu achten, nicht nur medizinische Verfahren, sondern darüber hinaus allgemeine Qualitätsentwicklungsprozesse miteinzubeziehen. Dadurch wird ermöglicht, Qualitätsdefizite zu erkennen und Verbesserungsmaßnahmen einzuleiten. Um diese Verbesserung zu erreichen ist es notwendig, die relevanten Qualitätsinstrumente zu auditieren.[21]

Darüber hinaus ist die kontinuierliche Weiterentwicklung der Digitalisierung im Gesundheitswesen ein entscheidender Faktor in der Planung des Strukturwandels. Dies ist ausschlaggebend für mehr Transparenz und Übersichtlichkeit bezüglich der Qualität für alle Beteiligten. Hierbei wird primär das Ziel verfolgt, den zeitlichen Dokumentationsaufwand zu reduzieren. Durch mehr Transparenz in den Vorgängen und Strukturen wird die Patientensicherheit ebenfalls gesteigert.[22]

Interne Audits sind durch ihre Qualitäts- und Risikoprüfungen und ihren gesamten Auditprozess für die Patientensicherheit und eine bestmögliche Qualitätssicherung bedeutend. Um die erläuterten Kernempfehlungen des Strukturwandels in den Krankenhäusern effektiv und effizient umzusetzen, ist es notwendig, an den Strukturen des internen Audits anzusetzen. Darüber hinaus ist es erforderlich, Prozesse und Ergebnisqualitäten interner Audits zu optimieren. In diesem Zusammenhang werden interne Audits im Rahmen dieser Arbeit im Kontext mit dem Strukturwandel der Krankenhäuser betrachtet. Dabei werden die Verbesserungsansätze interner Audits erforscht, um die bestmöglichen Perspektiven der Audits und somit die bestmögliche Qualitätssicherung und Patientenversorgung zu erreichen.

---

[19] Vgl. Bundesgesundheitsministerium (2023), S. 17.
[20] Bundesgesundheitsministerium (2023), S. 39.
[21] Vgl. Bundesgesundheitsministerium (2023), S. 24.
[22] Vgl. Bundesgesundheitsministerium (2023), 7, S. 12.

Audit

3

Audits sind im Bereich der Managementsysteme von großer Bedeutung.[1] Ein Audit bedeutet nach der Deutschen Gesellschaft für Qualität „eine objektive Analyse zur Verbesserung der Betriebsorganisation systematisch durchzuführen."[2] Darunter werden systematische Evaluierungen von Systemen und Abläufen verstanden, indem der Ist-Zustand mit dem Soll-Zustand von Prozessen verglichen wird.[3] Die DIN EN ISO 19011:2018 bildet den wichtigsten Leitfaden im Bereich der Auditierung.[4] In diesem Auditleitfaden werden sämtliche Anforderungen an Auditoren sowie Informationen bezüglich der Prozesse geregelt. Dabei ist die Norm branchenübergreifend für alle interne und externe Audits anwendbar. Es besteht aber die Empfehlung, für externe Zertifizierungsaudits die ISO 17021 anzuwenden. Beide Normen werden allgemeingültig betrachtet, d. h. sie sind auf alle Managementsysteme übertragbar.[5]

Die ISO 19011 Norm basiert auf folgenden sechs Auditprinzipien:

1. Integrität des Auditors
2. Sachliche Darstellung
3. Angemessene berufliche Sorgfalt
4. Vertraulichkeit

---

[1] Vgl. Brauweiler et al. (2015), S. 3.

[2] Deutsche Gesellschaft für Qualität (o. J.)

[3] Vgl. Helmold (2022), S. 193.

[4] Vgl. Deutsche Gesellschaft für Qualität (o. J.), (a), o. S.

[5] Vgl. Brauweiler et al. (2015), S. 1.

© Der/die Autor(en), exklusiv lizenziert an Springer Fachmedien Wiesbaden GmbH, ein Teil von Springer Nature 2025
L. Bartsch, *Strukturwandel im Krankenhaus und Perspektiven interner Audits*, BestMasters, https://doi.org/10.1007/978-3-658-46947-4_3

5. Unabhängigkeit
6. Vorgehensweise beruhend auf Nachweisen

Die Integrität des Auditors beinhaltet z. B. die Verantwortung und Sorgfalt des Auditors sowie die Einhaltung von vorgegebenen Richtlinien und Anforderungen. Unter der sachlichen Darstellung wird die richtige und wahrheitsgemäße Berichterstattung verstanden. Das dritte Prinzip, die angemessene berufliche Sorgfalt, beschreibt das Urteilsvermögen des Auditors. Im Rahmen des Vertraulichkeitsprinzips geht es um den vertraulichen Umgang mit Informationen und Dokumenten. Die Unabhängigkeit bezieht sich auf die Einnahme einer unabhängigen Position bezüglich der Organisation. Das letzte Auditprinzip, die Vorgehensweise beruhend auf Nachweisen, beschreibt das Vorliegen systematischer Schlussfolgerungen nach der Auditierung.[6]

Audits verfolgen das Ziel, Handlungsbedarfe zu ermitteln, um darauf aufbauend stetige Verbesserungen von Prozessen zu erreichen.[7] Zudem wird geprüft, inwiefern die Prozesse eines Unternehmens die vorgelegten Anforderungen, die sich u. a. aus den Kundenbedürfnissen, geplanten Zielen oder vorherigen Ergebnissen ergeben, erfüllen.[8] Darüber hinaus wird durch Audits die Effizienz sowohl des Qualitätsmanagements als auch des gesamten Unternehmens beurteilt. Durch Auditberichte werden Stärken, Risiken sowie Verbesserungsmaßnahmen festgehalten.[9] Audits lassen sich intern und extern durchführen. Dabei werden standardisierte Auditfragen oder Auditchecklisten genutzt.[10] Interne Audits werden von eigenen Mitarbeitern durchgeführt. Dabei besteht die Möglichkeit, einen externen Berater hinzuzuziehen. Für externe Audits werden Personen außerhalb des Unternehmens beauftragt.[11]

Da der Fokus dieser Arbeit lediglich auf internen Audits liegt, werden im weiteren Verlauf nur interne Audits thematisiert. Dabei handelt es sich um Audits, bei denen die Durchführung in der Regel durch einen internen Auditor erfolgt. Dadurch ist nur das Unternehmen intern am Prüfprozess beteiligt. Der Fokus interner Audits liegt auf der Verbesserung interner Prozesse innerhalb eines

---

[6] Vgl. Brauweiler et al. (2015), S. 5.
[7] Vgl. Helmold (2022), S. 193.
[8] Vgl. Brauweiler et al. (2015), S. 3.
[9] Vgl. Börchers (2021), S. 148 f.
[10] Vgl. Helmold & Dathe (2023), S. 355.
[11] Vgl. Hanika (2019), S. 74.

Unternehmens. Daher eignet sich ein internes Audit zur internen Kommunikation und zur Förderung von Optimierungsmöglichkeiten innerhalb eines Prozesses.[12]

3.1 Ablauf klassischer Konformitätsaudits

Im Folgenden wird der klassische Aufbau eines internen Audits mit der Planung, Durchführung und dem Abschluss dargestellt.

Planung der Audits
Zu Beginn des Audits erfolgt die Auditplanung. Dabei wird festgelegt, wann das Audit durchgeführt wird.[13] Zunächst wird im Zuge der Auditplanung das Auditprogramm festgelegt, in dem Auditziele und geplante Veränderungen zusammengetragen werden. Dieses Auditprogramm beinhaltet die Rahmenbedingungen des Audits in folgenden Aspekten: unterschiedliche Auditarten, zuständige Auditoren, Zeitpunkt des Audits sowie die auditierten Bereiche. Darüber hinaus sollten Schwerpunkte im Auditprogramm festgelegt werden. Die Empfehlung basiert auf einer regelmäßigen Planung der Audits mindestens jährlich mit regelmäßigen Aktualisierungen. Aus dem Auditprogramm leitet sich der Auditauftrag ab, der das Ziel und die Auditart sowie die relevanten Auditkriterien beinhaltet. Zudem wird das systematische Vorgehen durch den Auditauftrag geregelt. Diese beschreibt eine gute gesamte Auditplanung von der Vorbereitung, Durchführung bis hin zu einer qualitativen Nachbereitung mit der Bereitstellung der Auditergebnisse.[14]

Durchführung der Audits
Im zweiten Schritt werden Auditoren mit den entsprechenden Kompetenzen ausgewählt, worauf die Auditdurchführung folgt. Für die Durchführung der Auditprozesse werden unterschiedliche Techniken herangezogen. Dazu zählen mitunter die Begehung des Standortes, die Begutachtung des Tätigkeitsumfeldes und den Bedingungen oder die Prüfung der Dokumente.[15]

---

[12] Vgl. Deutsche Gesellschaft für Qualität (o. J.), o. S.
[13] Vgl. Börchers (2021), S. 149.
[14] Vgl. Brauweiler et al. (2015), S. 9 ff.
[15] Vgl. Brauweiler et al. (2015), S. 19 ff.

Abschluss

Im Anschluss an das Audit werden Rückschlüsse auf den aktuellen Stand und Verbesserungsmaßnahmen gezogen. Im Auditbericht werden die erlangten Erkenntnisse dokumentiert.[16] Für die Dokumentation des Auditprozesses und die Resultate werden in der Regel Checklisten oder Fragenkataloge herangezogen. Dadurch wird eine transparente Übersichtlichkeit für alle Beteiligten erreicht.[17] Nach der Durchführung des Audits wird durch den Auditor ein Auditbericht angefertigt. Darunter versteht man eine genaue Zusammenfassung der wichtigsten Aspekte, z. B. festgelegte Auditkriterien, Ziele und Umfang des Audits sowie die Auflistung der Teilnehmer. Auf den Auditabschluss folgen Folgemaßnahmen, häufig in Form von Verbesserungen, auf die im darauffolgenden Audit Bezug genommen wird.[18]

---

[16] Vgl. Börchers (2021), S. 149.
[17] Vgl. Brauweiler et al. (2015), S. 19.
[18] Vgl. Brauweiler et al. (2015), S. 22 ff.

Agilität

4

„Agilität […] beschreibt eine moderne Form der Arbeitsorganisation, deren Ziel insbesondere Flexibilität, Anpassungsfähigkeit und schnelle Entwicklung in kurzen iterativen Zyklen ist. Durch agile und abteilungsübergreifende Teams erfolgt die Konzentration auf Qualität und Wertschöpfung in einem sehr frühen Prozessstadium, benötigte Änderungen können frühzeitig erkannt und umgesetzt werden und Projektekönnen so schneller und flexibler eingeführt werden."[1]

Durch die agile Arbeitsweise werden der bisherige Top-Down-Ansatz, unflexible Abläufe aber auch strikte Hierarchiestrukturen in Unternehmen aufgebrochen.[2] Dadurch kann schneller auf diverse Veränderungen reagiert werden, was zu besseren Arbeits- und Prozessergebnissen führt. Darüber hinaus wird eine effektivere Zusammenarbeit der beteiligten Mitarbeiter sowie eine Beschleunigung und eine zentrale Kundenorientierung erzielt.[3] Agilität steht dafür, dass Veränderungen nicht auf Ausnahmen, sondern auf Regelfälle zurückzuführen sind. Demnach bildet die schnelle und flexible Reaktion auf stetige Veränderungen den Kernpunkt der Agilität. Durch schnelles und proaktives Reagieren und Handeln in Bezug auf diverse Veränderungen bleibt die Wettbewerbsfähigkeit eines Unternehmens beständig. Dabei sollten nicht nur einzelne Prozesse optimiert werden, sondern ein gesamtes agiles Management in ein Unternehmen integriert werden.[4] Durch agile Arbeitsformen entstehen geänderte Führungsstile, da die agile Mitbestimmung aller Beteiligten mit mehr Freiheit und Individualität in der Organisation und Gestaltung in den Vordergrund rückt. Durch die Delegation der Aufgaben und

---

[1] Helmold & Dathe (2023), S. 133.
[2] Vgl. PWC (2018), S. 4 f.
[3] Vgl. Helmold & Dathe (2023), S. 133.
[4] Vgl. Hanschke (2021), S. 411 f.

L. Bartsch, *Strukturwandel im Krankenhaus und Perspektiven interner Audits*, BestMasters, https://doi.org/10.1007/978-3-658-46947-4_4

Verantwortlichkeiten von einer Führungsposition auf die beteiligten Mitarbeiter wird eine erhöhte Zufriedenheit, Produktivität und gesteigerte Qualität erreicht.[5] Ausschlaggebend für die erfolgreiche agile Arbeitsweise ist die Schaffung von mehr Transparenz bezüglich der Prozesse und Abläufe sowie Vertrauen in die Fähigkeiten und Kompetenzen der verantwortlichen Mitarbeiter.[6]

4.1   Agile Arbeitsweise – Ursprung & Hintergrund

Der Ursprung agiler Arbeitsmethoden ist auf den Bereich der IT-Industrie und Softwareentwicklung zurückzuführen. Auf stetig veränderte Zielsetzungen sowie Anforderungen und Geschäftsmodelle im Rahmen der Digitalisierung wurde mit der agilen Arbeitsweise reagiert, um komplexe und vielfältige Herausforderungen zu bewältigen.[7] Die Agilität bildet nicht nur eine zentrale Thematik in der Softwareentwicklung, sondern auch in vielen weiteren Unternehmensbereichen.[8] Unternehmen müssen zunehmend in einer komplexen Umwelt agieren. Dies wird als VUCA-Welt bezeichnet (Volatility, Complexity, Uncertainity, Ambiguity). Um wettbewerbsfähig zu bleiben und um das Unternehmen bestmöglich zu steuern, muss sich auf die Veränderung eingestellt und angepasst werden. Volatilität bezeichnet häufige, nicht vorhersehbare oder berechenbare Veränderungen. Uncertainity bezeichnet die Wahrscheinlichkeit von Unsicherheit, mit der ein bestimmtes Ereignis auftritt. Dagegen beschreibt die Komplexität ein komplexes System aus vielen zusammenhängenden Elementen. Dabei sind Ursache-Wirkungsbeziehungen ebenfalls nicht vorhersehbar und können erst im Nachgang erfasst werden. Ambiguität bezeichnet die Mehrdeutigkeit, die mit einer Ungewissheit einhergeht.[9] In der VUCA-Welt treten die Komponenten Unsicherheit, Volatilität, Komplexität und Ambiguität parallel auf. Durch ständige Veränderungen im Rahmen dieses Umfelds sind Unternehmen angehalten, auf diese Herausforderungen mit schnellen Anpassungen zu reagieren. Durch die Einführung einer agilen Arbeitsweise kann dies erreicht werden.[10]

Das im Jahr 2001 von Kent Beck entwickelte „Agile Manifest" zählt ebenfalls zum Ursprung und Kernpunkt der Agilität. Dieses beruht auf vier zentralen

---

[5] Vgl. Hexel (2019), S. 255 f.
[6] Vgl. Hexel (2019), S. 258 ff.
[7] Vgl. Dlouhy et al. (2021), S. 227.
[8] Vgl. Hexel (2019), S. 256.
[9] Vgl. Biedermann & Kinz (2021), S. 35 f.
[10] Vgl. Biedermann & Kinz (2021), S. 36.

Leitsätzen und 12 Grundprinzipien. Die Leitsätze basieren darauf, Prioritäten zwischen zentralen Werten festzulegen.[11]

Dabei lassen sich die Leitsätze und Grundprinzipien auch außerhalb der Software-Branche anwenden. Die vier Leitsätze werden folgendermaßen beschrieben: „Menschen und deren Zusammenarbeit sind wichtiger als Prozesse und Werkzeuge. Ein funktionierendes Produkt ist wichtiger als umfassende Dokumentation. Die Zusammenarbeit mit dem Kunden ist wichtiger als Vertragsverhandlungen. Die Reaktion auf Veränderungen ist wichtiger als das Befolgen eines Plans."[12] Der erste Leitsatz zeigt, dass das Team aus Beschäftigten und deren Zusammenarbeit ausschlaggebend für den Erfolg eines Projektes ist. Der zweite Leitsatz sagt aus, dass die Dokumentation der Prozessschritte zwar relevant ist, allerdings ist ein gewisses Maß an Dokumentation ausreichend. Der dritte Leitsatz betont, dass nicht alle Aspekte im Voraus in Form von Verträgen vereinbart werden müssen. Vielmehr stehen das Vertrauen und die Zusammenarbeit mit dem Kunden im Vordergrund. Der vierte und letzte Leitsatz steht für die Bedeutsamkeit der Flexibilität. Es wird kein fester Plan im Voraus festgelegt, da flexible Handlungen und Reaktionen auf Veränderungen zu einem kontinuierlichen Wissenszuwachs führen.[13]

Die 12 Auditprinzipien des agilen Manifests lassen sich folgendermaßen zusammenfassen: die Zufriedenheit der Kunden sollte immer die höchste Priorität haben, indem ihnen fortlaufend ein Mehrwert geboten wird, Änderungen des Projekts können vorgenommen werden, sofern ein Mehrwert für den Kunden besteht, das Projekt bzw. der Prozess wird in kurzen Zyklen durchgeführt, die Zusammenarbeit der Beschäftigten erfolgt multidisziplinär, die Mitarbeiter arbeiten motiviert und erhalten dabei Unterstützung, die Kontaktübermittlung sollte im besten Fall persönlich erfolgen, ein funktionsfähiges Produkt stellt dabei den bedeutsamsten Aspekt eines Fortschritts dar, ein konstantes Tempo der Entwicklung sollte eingehalten werden, die Qualität sollte immer beachtet werden, das Prinzip der Einfachheit sollte verfolgt werden, durch die Selbstorganisation der Beschäftigten entstehen die besten Ergebnisse, die Beschäftigten sollten in regelmäßigen Abständen die Effektivität bewerten und das Vorgehen anpassen.[14]

---

[11] Vgl. Hillberg (2020), S. 160 ff.

[12] Hexel (2019), S. 260.

[13] Vgl. Müller (2022), S. 9 f.

[14] Vgl. Agile Alliance (2019), o. S.

Dabei ist zu berücksichtigen, dass agile Methoden nicht für alle Strukturen und Betriebe geeignet sind. Dies ist vor allem bei standardisierten und routinierten Prozessen und Produktionen der Fall.[15]

4.2   Agile Arbeitsweise – Status Quo

Agile Methoden werden in Deutschland zum aktuellen Zeitpunkt im Vergleich zu anderen Ländern selten eingesetzt. Diese Erkenntnis zeigt die Forschung der Hochschule Karlsruhe im Kontext der internationalen Agil Hybrid Studie. Im Rahmen dieser Studie wurden im Jahr 2019 655 Unternehmen aus 16 Industrienationen zum Einsatz agiler Methoden befragt.[16] Unternehmen in China, Indien und Mexiko sind mit 87,8 % bis 86,3 % Spitzenreiter in der Anwendung agiler Methoden. Deutschland liegt im internationalen Vergleich bei 45,1 %.[17] Eine weitere internationale Online-Studie der Agile Pulse 2020 zum Thema Verwendung agiler Methoden mit 372 Befragten[18] ergab, dass die am häufigsten verwendeten agilen Methoden Scrum (76 %) und Kanban (66 %) sind.[19] Diese Methoden werden in Abschnitt 4.3 jeweils näher erläutert.

4.3   Agile Methoden

Agile Methoden haben die Gemeinsamkeit, zu Beginn keinen detaillierten und festgeschriebenen Plan zu erstellen, sondern schrittweise durch einen iterativen Prozess das Vorgehen zu steuern.[20] Nachfolgend werden die agilen Methoden Scrum und Kanban definiert.

---

[15] Vgl. Hexel (2019), S. 260.

[16] Vgl. Kinkel, Cherubini, Beiner (2022), o. S.

[17] Vgl. Kinkel, Cherubini, Beiner (2022), o. S.

[18] Vgl. Agile Pulse (2020), S. 3.

[19] Vgl. Agile Pulse (2020), S. 8.

[20] Vgl. Feichtinger (2023), S. 22 f.

4.3.1 Scrum

Die Scrum-Methode ist bereits seit den 1990er Jahren im Einsatz.[21] In dieser Methode, die aus dem Softwarebereich stammt, werden Rollen an die Teammitglieder verteilt, um iterativ zu arbeiten.[22] Durch die iterative Arbeitsweise mit kurzen Entwicklungszyklen ist eine schnelle und flexible Reaktion auf unterschiedliche Anliegen der Kunden und somit eine maximale Kundenorientierung möglich.[23]

Im Rahmen des Scrum-Prozesses werden unterschiedliche Rollen mit jeweiligen Zuständigkeiten erteilt. Das Scrum-Team besteht aus dem Scrum Master, dem Product Owner sowie dem (Entwicklungs-)Team.[24] Dabei organisiert sich das Team selbstständig. Ein wichtiges Verfahren ist das Timeboxing, wobei ein verbindlicher Zeitrahmen zur Ausführung der Prozesse festgelegt wird.[25] Der Scrum Master ist der Hauptverantwortliche für den Scrum-Prozess, er hat den Überblick über das gesamte Vorgehen mit Zielen und Regeln und führt das Team durch den Prozess. Der Product Owner lenkt den Prozess und ist für den wirtschaftlichen Bereich in Hinblick auf das Kosten-Nutzen-Verhältnis zuständig. Das selbstständig organisierte Entwicklungsteam ist für die Qualitätssicherung verantwortlich.[26] Zu Beginn der Scrum-Methode steht eine Vorstellung, welches Ergebnis entstehen soll. Die zu erfüllenden Ansprüche an das Endprodukt werden von dem Product Owner im Product Backlog geplant. Den wichtigsten Teil innerhalb des Scrums bilden die Sprints. Diese erfolgen in festgelegten Zeitfenstern von maximal vier Wochen, in denen Teilprodukte oder -prozesse erstellt werden. Im Voraus werden die Sprints in Sprint Planning Meetings strukturiert und geplant. Darüber hinaus werden Fortschrittskontrollen und Besprechungen täglich im Daily Scrum Meeting mit den beteiligten Personen, meist dem Scrum-Master und dem Entwicklungsteam, durchgeführt.[27] Im Rahmen des Daily Scrum Meetings werden Fragen bezüglich bereits erledigter und bevorstehender Aufgaben sowie vorliegender Hindernisse als Störfaktor besprochen und abgearbeitet.[28] Auf jeden Sprint folgt abschließend das Sprint Review Meeting, eine Präsentation und

[21] Vgl. Pötters & Leyendecker (2017), S. 428.
[22] Vgl. Hexel (2019), S. 263.
[23] Vgl. DGQ-Impulspapier (2024), S. 15.
[24] Vgl. Feichtinger (2023), S. 25.
[25] Vgl. Börchers (2021), S. 92 f.
[26] Vgl. Feichtinger (2023), S. 25.
[27] Vgl. Pötters & Leyendecker (2017), S. 428 f.
[28] Vgl. Hillberg (2020), S. 173.

Evaluation des Produkts bzw. Prozesses und Ergebnisse der einzelnen Schritte.[29] Das Endresultat wird durch den Abschluss der einzelnen Sprints nacheinander erzielt. Jeder abgeschlossene Sprint ist als eigene Komponente zu betrachten. Darauf aufbauend werden die nächsten Ziele definiert. Somit kann schrittweise reagiert werden und sich an Veränderungen angepasst werden.[30]

4.3.2 Kanban

Kanban ist ein Ansatz aus dem Managementbereich, der aus dem Lean Product Development hervorgeht.[31] Diese Methode verfolgt das Ziel, Prozesse zu definieren sowie Prozessfortschritte und Schwierigkeiten zu identifizieren. Bei der Kanban-Methode steht die Visualisierung von Beginn an im Mittelpunkt.[32] Die Visualisierung der einzelnen Aufgaben, Bearbeitungsschritte sowie vereinbarte Rahmenbedingungen bezüglich des Verfahrens erfolgt über das Kanban-Board. Dabei wird jeder Prozessschritt in einer eigenen Spalte abgebildet. Nach Erledigung einer Aufgabe werden die Karten der einzelnen Schritte auf dem Kanban-Board von links nach rechts einsortiert. Die Anzahl der parallel laufenden Arbeitsaufgaben an einer Station zu einem bestimmten Zeitpunkt wird als „Work-in-Progress-Limit" (WIP-Limit) bezeichnet. Dieses Limit verhindert die Überlastung und Überarbeitung der Mitarbeiter und Prozesse durch zu viele gleichzeitige Aufgaben. Sofern eine Bearbeitungsstation freie Kapazitäten hat, werden neue Karten der vorherigen Phase nach dem Pull-Prinzip verlagert.[33] Somit wird gewährleistet, dass sich durch weniger gleichzeitig laufende Arbeitsschritte kürzere Durchlaufzeiten sowie eine gesteigerte Qualität ergeben. Darüber hinaus wird über das Kanban-Board der Arbeitsfluss gesteuert. Ein guter Arbeitsfluss ist erreicht, je schneller die Karten des Kanban-Boards voranschreiten. Die Qualität der Arbeitsschritte wird an der so genannten „lead time" gemessen, die sich an der benötigten Zeit eines Durchlaufs orientiert. Eine kürzere Durchlaufzeit spiegelt einen besseren Arbeitsprozess wider.[34] Durch das Kanban-Board werden der aktuelle Bearbeitungsstand sowie offene Aufgaben dargestellt. Die Kanban-Methode arbeitet nicht iterativ, sondern verfolgt das Ziel, fortlaufend

---

[29] Vgl. Pötters & Leyendecker (2017), S. 431.
[30] Vgl. Englert (2019), S. 16 f.
[31] Vgl. Tremp (2022), S. 13.
[32] Vgl. DGQ-Impulspapier (2024), S. 12.
[33] Vgl. Tremp (2022), S. 13 f.
[34] Vgl. Kleczewski (2024), o. S.

viele Aufgaben mit geringem Zeitaufwand durchzuführen.[35] Wie die meisten agilen Techniken verfolgt auch die Kanban-Methode das Ziel der kontinuierlichen Verbesserung durch regelmäßiges (täglich, wöchentlich oder monatlich) Feedback in Form von Meetings. Dabei werden folgende Meetings unterschieden: Strategy Review, Operations Review, Risk Review, Service Delivery Review, Replenishment Meeting, Kanban Meeting sowie Delivery Planning. Die täglichen Kanban-Meetings sind vergleichbar mit den in Abschnitt 4.3.1 erläuterten Daily Scrum Meetings.[36]

4.4 Anpassung des Qualitätsmanagements an Agilität

Um das Qualitätsmanagement an die agilen Strukturen anzupassen, erfolgt die Erstellung agiler Grundsätze anhand einiger Prinzipien der DIN EN ISO 9001. Das klassische Qualitätsmanagement arbeitet auf die Anforderungen des Kunden hin. Beim agilen Qualitätsmanagement steht die kontinuierliche Interaktion mit den Kunden im Vordergrund. Dabei werden sie bestmöglich in die iterativen Phasen miteinbezogen. Das klassische Qualitätsmanagement verfolgt eine hierarchische Struktur, in der den Führungskräften eine zentrale Rolle zugeschrieben wird. Agile Prozesse sind dagegen weitgehend durch Teams selbstorganisiert. Je nach Situation und Prozess werden zuständige Rollen und Aufgaben verteilt und alle beteiligten Personen in den Prozess miteinbezogen. Durch eine konsequente Kommunikation und Abstimmung, wird eine schnellere Reaktion erreicht.[37] Der Plan-Do-Check-Act (PDCA) Prozess bildet die Grundlage im klassischen Qualitätsmanagement nach der ISO 9001. In diesem Zyklus werden die Phasen Planen, Durchführen, Prüfen und Handeln verfolgt, um Abläufe und Strukturen kontinuierlich zu verbessern. Nach Durchlaufen des PDCA-Zyklus ist je nach Situation eine erneute Anwendung vorgesehen.[38] Demgegenüber erfolgt das agile Modell anhand der iterativen Vorgehensweise. Dabei können Phasen oder Handlungen an jedem Punkt mehrfach wiederholt werden, bis das gewünschte Ziel oder die gewünschte Verbesserung erreicht wird. Dadurch werden jederzeit neue Lösungen generiert.[39]

---

[35] Vgl. Tremp (2022), S. 14.
[36] Vgl. Kleczewski (2024), o. S.
[37] Vgl. Deutsche Gesellschaft für Qualität (2016), o. S.
[38] Vgl. Helmold (2022), S. 194 f.
[39] Vgl. Deutsche Gesellschaft für Qualität (2016), o. S.

4.5   Ablauf agiler Audits

Ein agiles Audit stützt sich auf unterschiedliche agile Methoden. Zunächst werden
Vorbereitungen vom Auditteam bezüglich des Umfangs und der Ziele getroffen.
Dabei wird ein Auditplan (Prüfungsplan) mit iterativen Sprints erstellt, welcher
den bedeutendsten Schritt im agilen Audit darstellt. Bei den Sprints handelt es
sich um kurze Zeiträume, in denen bestimmte Prozessschritte erreicht werden
sollen. Während des Sprints erfolgt die eigentliche Prüfung von Abläufen und
Prozessen in den jeweiligen Einrichtungen. Nach jedem Sprint werden die bisherigen Ergebnisse durch das Audit-Team überprüft. Innerhalb des Sprints, in der
Sprint-Retrospektive, werden Feedback sowie Verbesserungsvorschläge für nachfolgende Sprints gegeben.[40] Das iterative Vorgehen stellt ein zentrales Merkmal
agiler Auditierung dar. Dadurch wird es den Auditoren ermöglicht, flexibel auf
Änderungen einzugehen. Nach Durchlaufen des ersten Audit-Zyklus findet eine
Evaluation der erzielten Ergebnisse statt. Auf Grundlage dieser Ergebnisse erfolgen die Maßnahmen des nächsten Zyklus. Aus dieser Vorgehensweise resultiert
eine stetige Weiterentwicklung des Audits. Dies erfolgt durch das Einbeziehen der
Beteiligten in jeder Iteration, um sie und ihre Erfahrungswerte und Hilfestellun-
gen kontinuierlich in den Ablauf- und Lösungsprozess miteinzubeziehen. Nach
der Durchführung eines Auditzyklus erfolgt die Analyse der Resultate und damit
die Vorbereitung auf nachfolgende Audits.[41] Über unterschiedliche Kriterien kann
schlussendlich der Erfolg des agilen Audits gemessen werden. Dazu zählen vor
allem eine verbesserte Kommunikation und Zusammenarbeit aller Beteiligten,
eine größere Verantwortung sowie schnellere Reaktionen auf eintretende Risiken
und Anpassung an Anforderungen. Darüber hinaus wird die Effizienz von Audits
erhöht.[42]

---

[40] Vgl. Crosscountry Consulting (2021), o. S.
[41] Vgl. DGQ-Impulspapier (2024), S. 15.
[42] Vgl. Crosscountry Consulting (2021), o. S.

Methodik

5

Einleitend in den empirischen Teil dieser Arbeit wird zunächst die systematische Literaturrecherche veranschaulicht. Die zentrale methodische Grundlage für die Darstellung der Thematik bildet eine Mixed-Methods Analyse aus einer quantitativen und qualitativen Forschung. Die quantitative Forschung erfolgt mittels einer Online-Befragung, die qualitative Analyse anhand qualitativer Experteninterviews. Des Weiteren werden in diesem Kapitel das strategische Managementinstrument der Balanced Scorecard sowie Kennzahlen zur Leistungsbeurteilung interner Audits thematisiert. Auf dieser Grundlage erfolgt sowohl die Erstellung der Online-Befragung als auch die Erstellung des Interviewleitfadens.

5.1 Systematische Literaturrecherche

Die Literaturrecherche für den theoretischen Hintergrund erfolgte im Zeitraum von November bis Dezember. Dabei wurden keine neuen Daten generiert, sondern Informationen aus bestehender Literatur herangezogen.

Im Rahmen der Literaturrecherche wurden vorzugsweise die elektronischen Datenbanken Springer Link, JSTOR und Livivo herangezogen, um Publikationen zur Beantwortung der Forschungsfragen zu erhalten und den theoretischen Hintergrund der Thematik zu erarbeiten. Darauf aufbauend wurde die qualitative Analyse durchgeführt. Für die Suchstrategie wurde zunächst ein Suchkonzept nach Kernbegriffen erstellt, welche sich am Titel der Arbeit „Strukturwandel im Krankenhaus und Perspektiven Interner Audits: Eine Mixed-Methods Analyse" orientiert und somit die Kernbegriffe *Strukturwandel, Krankenhaus, intern, Audit, agil* und *Qualitätsmanagement* umfasst. Zudem wurden verwandte Begriffe und Unterbegriffe der Kernbegriffe sowie englische Übersetzungen festgelegt.

L. Bartsch, *Strukturwandel im Krankenhaus und Perspektiven interner Audits*, BestMasters, https://doi.org/10.1007/978-3-658-46947-4_5

Darauf aufbauend erfolgte die strategische Suche mit den Suchbegriffen in
den genannten Datenbanken. Die Kernbegriffe wurden mit den Operatoren „OR"
und „AND" kombiniert und Suchkomponenten generiert. Abschließend wurde
anhand der Treffer ein Suchterm für die systematische Literaturrecherche herangezogen. Dieser Suchterm lautet: *Intern AND agil* AND Audit OR Auditprüfung
OR Auditprozess.*

Einschlusskriterien für die genannten Suchkomponenten waren Publikationen
aus den Jahren 2010–2024 in deutscher und englischer Sprache sowie frei ver-
fügbare Literatur mit Volltextzugriff. Die erzielten Publikationen wurden über
den Titel und, falls vorhanden, über den Abstract auf Eignung überprüft. Literatur ohne Abstract wurde durch Querlesen und anhand des Inhaltsverzeichnisses
geprüft. Zur Vervollständigung der Daten und Informationen wurde eine optio-
nale Suche über die Freihandsuche, primär über die Suchmaschine Google und
Google Scholar, genutzt, um vor allem Hintergrundinformationen zu erhalten.
Zusätzlich wurden weitere Publikationen über Querverweise sowie Informationen über Webseiten relevanter Institutionen in die Arbeit miteinbezogen. Zu
diesen Institutionen zählen u. a. das Deutsche Krankenhaus Institut, das Institut für Qualitätssicherung und Transparenz im Gesundheitswesen, die Deutsche
Krankenhausgesellschaft oder das Bundesministerium für Gesundheit. Einige der
Publikationen, die über die Handsuche oder Querverweise herangezogen wurden, sind älter als der für die Einschlusskriterien definierte Zeitraum. Das trifft
insbesondere bei unveränderten Definitionen oder theoretischen Erläuterungen zu.

Folglich wurden 110 Quellen als geeignet eingestuft und zur Beantwortung
der Fragestellung herangezogen.

5.2   Balanced Scorecard

Die Balanced Scorecard, welche im Folgenden erläutert wird, bildet eine wichtige
Grundlage im Rahmen dieser Arbeit in Bezug auf die quantitative und qualitative
Datenerhebung.

Die Balanced Scorecard wurde von Robert S. Kaplan und David P. Norton
entwickelt.[1] Dabei handelt es sich um ein strategisches Managementinstrument,
das „den gesamten Planungs-, Steuerungs- und Kontrollprozess einer Organisation"[2] steuert. Es wird das Ziel der Optimierung von Effektivität und Effizienz

---

[1] Vgl. Kaplan & Norton (1997), S. 137.
[2] Kaplan & Norton (1997), S. 137.

angestrebt.[3] „Mit der Balanced Scorecard wird die Vision des Unternehmens in strategische Schlüsselthemen umgewandelt, die dann im gesamten Unternehmen weiterentwickelt und umgesetzt werden können."[4] Dabei handelt es sich um ein Kennzahlensystem, mit dem zahlreiche Strategien in Kennzahlen operationalisiert werden.[5]

Das Instrument der Balanced Scorecard wird in die vier Perspektiven interne Prozess-Perspektive, Finanz-Perspektive, Wissens-/ und Innovationsperspektive sowie Kunden-Perspektive eingeteilt.[6] Diese Perspektiven sind in Ursachen- und Wirkungszusammenhängen zu betrachten und können je nach Betrachtung entweder angepasst oder ergänzt werden.[7] Durch diese Wirkungsbeziehung wird der unternehmerische Erfolg mit seinen festgelegten Zielen beschrieben.[8] Eine Balanced Scorecard wird je nach Unternehmen und deren Strategien individuell festgelegt. Demnach sind die genannten Perspektiven nach Kaplan und Norton nicht verpflichtend. Es ist möglich, eine geringere bzw. höhere Anzahl an Perspektiven zu bestimmen oder eine der genannten Perspektiven durch eine andere zu ersetzen.[9]

Die strategischen Ziele werden hinsichtlich der unterschiedlichen Perspektiven abgeleitet. In der internen Prozessperspektive werden neue Prozesse erkannt, die einer bestmöglichen Kundenzufriedenheit dienen. Zudem werden bereits bestehende Prozesse identifiziert, die zu verbessern sind.[10] Dazu zählt u. a. die Erhöhung der flexiblen Organisation oder verbesserte Interaktionen. Die Finanz-Perspektive befasst sich mit den wirtschaftlichen Aspekten aus vorherigen Schritten und beinhaltet beispielsweise die Vergrößerung des Kapitals. Die Wissens-/Innovations-Perspektive schafft die Rahmenbedingungen zur Erreichung der finanziellen und Kundenziele. Dabei geht es um die Verbesserung der Prozesse, Strukturen und Qualität.[11] Für die Kundenperspektive werden die Unternehmensstrategien und Ziele auf die Kunden ausgerichtet. Dabei geht

---

[3] Vgl. Kühnapfel (2019), S. 3.
[4] Müller (2021), S. 65.
[5] Vgl. Kaplan & Norton (1997), S. 137.
[6] Vgl. Kühnapfel (2019), S. 8.
[7] Vgl. Kaplan & Norton (1997), S. 144.
[8] Vgl. Kammerhofer (2015), S. 62.
[9] Vgl. Kammerhofer (2015), S. 61 f.
[10] Vgl. Kaplan & Norton (1997), S. 141.
[11] Vgl. Kaplan & Norton (1997), S. 140 ff.

es neben der Motivation, Zufriedenheit und Qualifikation um das eigenver-
antwortliche Handeln der Mitarbeiter. Dabei lassen sich die Kennzahlen der
Kundenorientierung, -zufriedenheit und -loyalität nennen.[12]

Das übergeordnete Ziel der Balanced Scorecard stellt die Übersetzung von
Unternehmensvision und -strategie dar, das in Leistungsmessfaktoren übersetzt
wird. Zu diesem strategischen Vorgehen zählt zunächst die Festlegung von Strategien und deren Kommunikation innerhalb des Unternehmens. Darauf folgen
Zielsetzungen an die jeweilige Strategie sowie die Identifizierung geeigneter
Maßnahmen zur Erreichung der Ziele. Abschließend erfolgen Feedbacks, um
mögliche Verbesserungsansätze zu identifizieren. Dadurch wird allen Beteiligten
die Übersicht und Transparenz eines strategischen Vorgehens ermöglicht.[13]

Um das Thema dieser Arbeit zu bearbeiten und die Potenziale interner Audits
aufzuzeigen, spielen Kennzahlen zur Bewertung und Messung von Prozessen
eine zentrale Rolle. Um die Effizienz dieser Audits zu beurteilen und sie hinsichtlich zukünftiger Potenziale zu bewerten, können unterschiedliche Verfahren
herangezogen werden. Die Beurteilungen des Einflusses der Agilität auf Erfolge
und Prozesse können durch unterschiedliche Verfahren bestimmt werden. Die
wichtigsten Aspekte sind hierbei Key Performance Indicators (KPIs), der Umsatz
sowie die Messung der Kunden- und Mitarbeiterzufriedenheit. Darüber hinaus
spielt die Reifegrad-Messung der Agilität eine Rolle, die ebenfalls durch die
Befragung der Mitarbeiter zur Kunden- und Mitarbeiterzufriedenheit verwendet
wird.[14] In dieser Arbeit liegt der Fokus auf den Kennzahlen der Key Performance
Indicators, die mit den Perspektiven der Balanced Scorecard zusammengeführt
werden und in Tabelle 5.1 dargestellt sind.

5.3   Kennzahlen

„Kennzahlen als spezielle Indikatoren sind Messwerte in Beziehung gesetzter
Zahlen.“[15] Sie geben zu einem bestimmten Zeitpunkt Informationen über Merk-
malsausprägungen, inwieweit gesetzte Ziele erreicht wurden. Dabei steht nicht
nur die zahlenmäßige Bewertung im Vordergrund, sondern auch quantitative
und qualitative Inhalte. Kennzahlen werden für die Bewertung von Qualität und

---

[12] Vgl. Kaplan & Norton (1997), S. 140 f.
[13] Vgl. Kaplan & Norton (1997), S. 143.
[14] Vgl. Feichtinger (2023), S. 208 ff.
[15] Staats (2009), S. 33.

Prüfprozessen verwendet. Darüber hinaus werden über Kennzahlen Informationen über Entscheidungs- und Planungsprozesse erzielt, wodurch die Steuerung von Abläufen und Unternehmen erfolgt. Zudem können bestimmte Ziele, die erreicht werden sollen, über Kennzahlen festgelegt werden. Um eine aussagekräftige Einschätzung zu erhalten, ist es notwendig, mehrere Kennzahlen für jeweils unterschiedliche Aspekte zu bestimmen, um sie zu vergleichen. Grundsätzlich werden absolute Kennzahlen von relativen Kennzahlen unterschieden. Absolute Kennzahlen erfordern keine weiteren Berechnungen und geben Informationen über die Größe des Systems. Relative Kennzahlen stehen in Beziehung zu absoluten Kennzahlen. Des Weiteren werden monetäre und nicht monetäre Prozesse durch Kennzahlen beschrieben. Dafür werden sie wiederum in harte und weiche Faktoren unterteilt. Harte Kennzahlen kategorisieren quantitative Faktoren, wie Produktivität oder Input-Output Zusammenhänge. Unter weichen Kennzahlen werden qualitative Faktoren wie Qualität, Mitarbeitermotivation oder Effektivität der Organisation verstanden.[16]

Um die Kennzahlen spezifisch auf das Audit zu übertragen, wurde 2010 vom Institute of Internal Auditors der Praxisleitfaden „Measuring Internal Audit Effectiveness and Efficiency" festgelegt. Darin wurde die Relevanz von Leistungskennzahlen zur Bewertung von internen Revisionen bzw. Audits beschrieben. Es ist wichtig, dass Kennzahlen nicht nur quantitative, sondern auch qualitative Kriterien umfassen. Quantitative Aspekte basieren auf bereits vorhandenen Daten, z. B. Schulungsstunden je Auditor oder Prozentsatz tatsächlich abgeschlossener Audits in Relation zu geplanten Audits. Qualitative Daten dagegen erfordern eine zusätzliche Informationserhebung durch Umfragen. Mitarbeiterzufriedenheit oder Feedback über die Prozesse sind Beispiele für qualitative Kennzahlen.[17]

Metriken bilden eine wichtige Grundlage für die Reduktion von Risiken sowie für die Kontrolle von Prozessen. Für eine effektive Bewertung ist eine regelmäßige Evaluation der Prozesse notwendig.[18] Darüber hinaus ist es wichtig, die jeweiligen Kennzahlen an die beteiligten Mitarbeiter zu kommunizieren und die Fortschritte kontinuierlich mitzuteilen.[19]

Die KPI's wurden in dieser Arbeit anhand wissenschaftlicher Studien und Leitlinien herausgearbeitet. Dabei wurde Bezug auf das Centre for Financial Reporting Reform (CFRR, 2018), PricewaterhouseCoopers (PwC) sowie der Internal Audit Community of Practice (IACOP) bzw. des Public Expenditure

---

[16] Vgl. Staats (2009), S. 33 ff.
[17] Vgl. CFRR (2018), S. 2.
[18] Vgl. PwC (2014), S. 4 f.
[19] Vgl. PwC (2014), S. 4 f.

Management Peer Assisted Learning networks (PEMPAL), genommen. In der
nachfolgenden Tabelle 5.1 sind diese, auf das interne Audit abgestimmte, Leistungskennzahlen aufgeführt und der entsprechenden Perspektive der Balanced
Scorecard zugeordnet.

Tab. 5.1 Balanced Scorecard mit Key Performance Indicators. (Quelle: In Anlehnung an
CFRR (2018), Van Echtelt (2020), PwC (2014) & PEMPAL (2020))

Perspektive Balanced Scorecard	Key Performance Indicator
Interne Prozess- Perspektive	Planungsindikatoren Indikator für Gesamteffizienz der Auditprüfung Vergleich abgeschlossener Audits Kennzahl zur Prozesseffektivität Prozessverbesserung Risikoabdeckung / Risikowiederholung
Finanz-Perspektive	Budgetindikatoren und Wertmetriken
Wissens-/Innovationsperspektive	Wirkungs- und Qualitätsindikatoren Zahl innovativer Verbesserungen
Kunden-Perspektive	Kundenkennzahlen (Auditteilnehmer) Personalkennzahlen (Mitarbeiter)

Das Centre for Financial Reporting Reform (CFRR) legt in seinem Report
„Internal Audit Key Performance Indicators" folgende Indikatoren zur Messung von Effektivität und Effizienz interner Revisionen fest: Planungsindikatoren,
Budgetindikatoren, Personalkennzahlen, Wirkungs- und Qualitätsindikatoren.[20]
Bezüglich der Planungsindikatoren werden Faktoren zur Planung von Prüfprozessen gemessen. Dazu zählt u. a. der Zeitaufwand für erbrachte Audits. Mit
Budgetindikatoren wird u. a. das Ergebnis in Bezug auf vorhandene Ressourcen
der internen Audits gemessen. Mögliche Indikatoren dafür sind Vergleiche mit
dem Vorjahr oder Kosten des Audits in Relation zu den gesamten Betriebskos-
ten. Über Personalkennzahlen können sowohl die Leistung als auch die Qualität
des Personals und den eingesetzten Ressourcen bestimmt werden. Dabei kann
z. B. die Mitarbeiterzufriedenheit gemessen werden. Wirkungs- und Qualitätsindikatoren messen die endgültige Wirkung und Effektivität eines Prozesses. Dazu
wird beispielsweise die Anzahl der Wiederholungsbefunde im Verhältnis zum

---

[20] Vgl. CFRR (2018), S. 4.

Gesamtbefund gesetzt.[21] Weitere Indikatoren bilden Kundenkennzahlen, die v. a. die Kundenzufriedenheit sowie die Kundenbindung oder -verlust umfassen.[22]

Die PwC definiert in ihrer Studie „Metrics by design – A practical approach to measuring internal audit performance" darüber hinaus die Kennzahlen zur Prozesseffektivität, Personenkennzahlen, Risikoabdeckung sowie Wertmetriken.[23] Die Kennzahlen zur Prozesseffektivität steuern die Mitarbeiter innerhalb der Prozesse, misst die Reaktionsfähigkeit der Ergebnisse sowie die Anzahl der Prozesse und Prüfungen. Personenkennzahlen beschreiben und messen die Eignung der Beschäftigten in den jeweiligen Positionen und deren Weiterentwicklung. Bezogen auf interne Prozesse wird über Personenkennzahlen auch die Fluktuation des Personals gemessen. Über die Indikatoren der Risikoabdeckung werden zum einen der prozentuale Anteil der Prüfprozesse dargestellt, der die Risiken eines Unternehmens abdeckt oder die Messung des Risikoabdeckungswerts. Wertmetriken geben die gezielten Kosteneinsparungen sowie den Prozentsatz der Audits, die innerhalb des budgetierten Zeitraums abgeschlossen werden, an.[24]

Weitere Indikatoren werden von der Internal Audit Community of Practice (IACOP) bzw. des Public Expenditure Management Peer Assisted Learning networks (PEMPAL) in den Richtlinien „Key performance indicators for internal audit function" herausgearbeitet. Dazu zählt der Indikator für die Gesamteffizienz der internen Auditprüfungen. Darüber hinaus wird die benötigte Zeit für die Durchführung der Audits gemessen. Der Indikator zum Vergleich abgeschlossener Audits gibt den Prozentsatz abgeschlossener Audits in Relation zu den geplanten Audits an. Darüber hinaus spielt die Messung der Prozessverbesserung, die durch ein internes Audit erreicht wird, eine zentrale Rolle. Der Indikator der Risikowiederholung gibt einen Hinweis darauf, wenn Schwächen oder Risiken nicht ausreichend angegangen wurden.[25] Über die Leitlinien zur Qualitätsprüfung interner Audits des PEMPAL wurden ebenfalls Wirkungs- und Qualitätsindikatoren festgelegt, welche die endgültige Wirkung und Effektivität eines Prozesses messen.[26]

Diese Key Performance Indicators werden anhand operationalisierter Fragen sowohl in den vorliegenden Fragebogen der quantitativen Datenerhebung als auch

---

[21] Vgl. CFRR (2018), S. 4.

[22] Vgl. Martins (2022), o. S.

[23] Vgl. PwC (2014), S. 4.

[24] Vgl. PwC (2014), S. 4.

[25] Vgl. PEMPAL (2020), S. 12 ff.

[26] Vgl. PEMPAL (2016), S. 13.

in den qualitativen Interviewleitfaden integriert. Beide Forschungsinstrumente
werden im Verlauf dieser Arbeit ausführlich erläutert.

5.4   Empirie

Für die Auswahl der richtigen empirischen Methodik sind das Forschungsziel und -interesse ausschlaggebend. Dabei werden primär die quantitative und
qualitative Forschung unterschieden oder eine Methodenkombination, die als
Mixed-Methods Ansatz bezeichnet wird. Dieser Mixed-Methods Ansatz wird als
methodisches Konzept zur Untersuchung des vorliegenden Themas herangezogen.
Für das Verständnis des Mixed-Methods Designs ist es relevant, die beiden Forschungsansätze der quantitativen und qualitativen Forschung und die jeweiligen
Zielsetzungen zunächst differenziert zu betrachten.[27]

5.4.1   Quantitative Forschung

„Als quantitative Methoden werden alle Vorgangsweisen, die zur numerischen
Darstellung empirischer Sachverhalte dienen, verstanden, somit auch Erhebungen
mittels standardisierter Fragebogen […].“[28] Die Instrumente bilden ein vielfälti-
ges Spektrum, dazu zählen u. a. standardisierte Befragungen, Testverfahren oder
Beobachtungen. Kennzeichnend für quantitative Forschung ist die Erhebung statistisch auswertbarer numerischer Werte.[29] Die Datenerhebung erfolgt anhand
einer größeren und repräsentativen Stichprobe.[30]
    Nach Kromrey ist die quantitative Forschung „als ein streng zielorientiertes
Vorgehen, das die ‚Objektivität‘ seiner Resultate durch möglichst weitgehende
Standardisierung aller Teilschritte anstrebt und das zur Qualitätssicherung die
intersubjektive Nachprüfbarkeit des gesamten Prozesses als zentrale Norm postu-
liert“[31] anzusehen. Folglich nimmt die hohe Standardisierung in der quantitativen
Forschung einen zentralen Stellenwert ein. Im Bereich der Datenerhebung durch

---

[27] Vgl. Wichmann (2019), S. 2 f.

[28] Raab-Steiner & Benesch (2015), S. 47.

[29] Vgl. Böhmert & Abacioglu (2023), S. 70.

[30] Vgl. Kessler & Wicke (2023), S. 223 f.

[31] Kromrey (2005), S. 2.

Fragebögen wird die Standardisierung durch die vorgegebene Reihenfolge der Fragen sowie vorgegebene Antwortoptionen charakterisiert.[32]

Die quantitative Forschungsmethodik verfolgt drei zentrale Hauptgütekriterien, um die Qualität der Forschung zu prüfen.[33] „Gütekriterien sind Qualitätsindikatoren für Ergebnisse und ihre Entstehungsbedingungen im Forschungsprozess – beispielsweise Messverfahren, Auswertungsverfahren und Verfahren der Ergebnisinterpretation."[34] Dabei handelt es sich um die Kriterien der Objektivität, Reliabilität und Validität. Die Objektivität zeigt die Unabhängigkeit der Messungen und Forschungsergebnisse durch unterschiedliche Forscher. Vollständige Objektivität liegt vor, wenn die Ergebnisse unabhängiger Forscher durch gleiche Messbedingungen übereinstimmen. Die Reliabilität steht für die Zuverlässigkeit hinsichtlich vergleichbarer Ergebnisse bei wiederholten Messungen mit gleichbleibenden Rahmenbedingungen. Das Kriterium der Validität bezeichnet die Gültigkeit der Forschung und führt auf, ob durch das vorliegende Messinstrument das gemessen wird, was gemessen werden soll.[35]

Die quantitative Datenerhebung in dieser Arbeit erfolgt durch eine schriftliche Befragung mittels eines Online-Fragebogens. Die Befragung wurde über das Online-Umfragetool LimeSurvey durchgeführt. Zur Erstellung des Fragebogens wurde im Vorfeld ein Pretest durchgeführt, welcher in Abschnitt 6.1.1 erläutert wird, bevor darauffolgend auf das Datenerhebungsinstrument und die Stichprobe Bezug genommen wird.

5.4.2 Qualitative Forschung

Den zweiten empirischen Teil dieser Arbeit bildet die qualitative Datenerhebung. Dieser Forschungsansatz unterscheidet sich von der quantitativen Forschung primär anhand des zu erreichenden Forschungszwecks sowie der Ausgestaltung des Forschungsgegenstandes. Während die quantitative Forschung das Ziel verfolgt, viele Resultate zu generieren und damit der Frage „Wieviel" nachgeht, geht es in der qualitativen Forschung um die Frage nach dem „Warum", Sachverhalte rauszufinden sowie Einzelfälle detaillierter zu betrachten, interpretieren

---

[32] Vgl. Böhmert & Abacioglu (2023), S. 70.
[33] Vgl. Wichmann (2019), S. 39.
[34] Wirtschaftspsychologische Gesellschaft (2024), o. S.
[35] Vgl. Wichmann (2019), S. 39.

und analysieren.[36] Dabei geht es primär um die Identifizierung von Strukturen. Abgrenzend zum quantitativen Forschungsdesign werden in der qualitativen Forschung zusammenhängende Strukturen und Hypothesen beschrieben.[37] Im Wesentlichen werden durch die qualitative Forschung Einstellungen und individuelle Verhaltensmuster festgestellt. Weitere wichtige Faktoren bilden die Untersuchung sowie die interpretative Analyse.[38] „Eine erweiterte Definition von qualitativer Forschung geht davon aus, dass sich das Erkenntnisziel auf qualitative Sachverhalte (Motive, Emotionen oder Erlebnisinhalte) bezieht."[39] Man unterscheidet grundlegend die Erhebungsmethoden der Befragung, Beobachtung sowie Experimente.[40]

Die Gütekriterien der quantitativen Forschung sind in ihrer Anwendbarkeit für qualitative Forschung umstritten.[41] Dahingehend existieren keine allgemeinen und einheitlich akzeptierten Gütekriterien für das qualitative Vorgehen.[42] Dennoch werden die Kriterien angemessen an die Methodik der qualitativen Forschung angepasst.[43] Darunter bilden u. a. die Kriterien der Offenheit, Individualität, Bedeutsamkeit und Reflexibilität zentrale Prinzipien des qualitativen Vorgehens. Die Offenheit sollte in allen Phasen des qualitativen Forschungsprozesses weitestgehend verfolgt werden. Diese bezieht sich dabei sowohl auf den flexiblen und offenen Umgang mit Situationen und Informationen seitens des Interviewers, aber auch auf die Befragungsmethodik. Diese muss weitestgehend offen gestaltet sein, um die befragte Person in ihren Antworten nicht zu beeinflussen oder einzuschränken und folglich auch eine offene Ergebnisauswertung zuzulassen. Das Prinzip der Individualität nimmt Bezug auf das Verständnis und die Kommunikation zwischen Interviewer und Befragungsperson. Es ist wichtig, sich als Forscher auf die Befragungsperson einzustellen. Dabei spielen Kommunikation und Empathie eine zentrale Rolle, um in der Auswertungsphase die Ergebnisse des Individuums richtig einzuschätzen.[44] Die Bedeutsamkeit qualitativer Forschung bezieht sich auf die Ergebnisse im Rahmen der Auswertungs- und Analysephase. Die qualitative Forschungsmethodik

---

[36] Vgl. Kirchmair (2022), S. 2 f.
[37] Vgl. Kromrey (2005), S. 5 f.
[38] Vgl. Kirchmair (2022), S. 3.
[39] Kirchmair (2022), S. 3.
[40] Vgl. Kirchmair (2022), S. 14 f.
[41] Vgl. Metag & Scheu (2023), S. 107.
[42] Vgl. Flick (2022), S. 534 f.
[43] Vgl. Flick (2022), S. 535.
[44] Vgl. Kirchmair (2022), S. 4 ff.

verfolgt das Ziel, alle für die Forschungsfragen wichtigen Erkenntnisse und Hypothesen herauszuarbeiten. Das Prinzip der Bedeutsamkeit verfolgt dahingehend das Ziel, alle bedeutsamen und wesentlichen Aspekte und Zusammenhänge für neue Erklärungsansätze zu identifizieren. Die Reflexibilität als viertes Grundprinzip beschreibt die Relevanz der rückblickenden Sichtweise im gesamten Forschungsprozess. Während der Datenerhebung ist ein konsequentes Beobachten der Handlungen und Sichtweisen des Forschers erforderlich, um Fehler und Störfaktoren zu vermeiden. In der Auswertungs- und Ergebnisphase ist darauf zu achten, eigenständige Interpretationen zu unterlassen sowie eine objektive und sachliche Haltung einzunehmen.[45]

Das qualitative Vorgehen der vorliegenden Arbeit erfolgt anhand qualitativer teilstrukturierter Interviews mit einer anschließenden Inhaltsanalyse nach Kuckartz zur Auswertung und Interpretation der Daten.

5.5   Mixed-Methods Design

Für Mixed-Methods Designs existieren in der Literatur eine Vielzahl an Definitionen. Udo Kuckartz definiert Mixed-Methods folgendermaßen: „Unter Mixed-Methods wird die Kombination und Integration von qualitativen und quantitativen Methoden im Rahmen des gleichen Forschungsprojekts verstanden. Es handelt sich also um eine Forschung, in der die Forschenden im Rahmen von ein- oder mehrphasig angelegten Designs sowohl qualitative als auch quantitative Daten sammeln. Die Integration beider Methodenstränge, d. h. von Daten, Ergebnissen und Schlussfolgerungen, erfolgt je nach Design in der Schlussphase des Forschungsprojektes oder bereits in früheren Projektphasen."[46] Das Ziel von Mixed-Methods ist ein umfassenderes Verständnis des Forschungsobjekts.[47]

5.5.1   Systematisierung von Mixed-Methods Designs

Mixed-Methods finden in unterschiedlichen Designs Anwendung. Diese Methodenverknüpfungen werden anhand der Systematisierung kategorisiert. Nach Creswell erfolgt die Design-Systematisierung nach vier Kriterien: Implementation, Priorität, Integration und die Rolle der theoretischen Perspektive. Die

---

[45] Vgl. Kirchmair (2022), S. 5.
[46] Kuckartz (2014), S. 33.
[47] Vgl. Hagenauer & Gläser-Zikuda (2022), S. 26.

Implementation beschreibt die Reihenfolge der quantitativen und qualitativen Datenerhebung. Dabei ergeben sich drei Ausprägungen. Entweder wird die quantitative Forschung oder die qualitative Forschung zuerst durchgeführt. Die dritte Möglichkeit ist die gleichzeitige Datenerhebung beider Forschungsansätze. Die Priorität beschreibt die Gewichtung, die den qualitativen und quantitativen Daten zugetragen wird. Dabei können beide Forschungsmethoden entweder gleich gewichtet werden oder eine der beiden Arten ist übergeordnet und die jeweils andere Forschungsmethode dient der zusätzlichen Datenerhebung. Das Kriterium Integration beschreibt den Moment des Forschungsprozesses, in dem die Daten beider Forschungsmethoden integriert werden. Die Integration kann dabei bei der Datenerhebung in Form von offenen Frageformen erfolgen. In der Regel werden die Daten aber erst im Rahmen der Datenanalyse bei der Dateninterpretation integriert. Das letzte Kriterium zur Design-Systematisierung bildet die Rolle der theoretischen Perspektive, die beschreibt, ob die theoretische Perspektive[48] „eher implizit ist oder ob ein theoretischer Rahmen das gesamte Design bestimmt.“[49]

Aus den genannten vier Dimensionen ergeben sich unterschiedliche Kombinationen der Designtypen. Die sechs bedeutsamsten Verfahrensweisen bilden drei parallele und drei sequenzielle Designs, die im Folgenden charakterisiert werden.

5.5.2 Parallele Designs

Nach Creswell werden grundlegend drei Arten paralleler Designs unterschieden, bei denen die quantitative und die qualitative Methodik gleichzeitig ausgeführt wird. Kennzeichnend für das parallele Mixed-Methods Design ist die separate Ausführung beider Methodenstränge.[50]

Priorisiert man eine der beiden Methoden, ergeben sich unterschiedliche Dimensionen. Weist man der quantitativen Methodik eine höhere Priorität zu, wird dies mit QUANT + qual beschrieben. Wird dagegen die qualitative Methode höher priorisiert, wird die Variante mit quant + QUAL bezeichnet. Sofern beide Forschungsansätze die gleiche Priorität besitzen, wird dies als QUANT + QUAL bezeichnet.[51]

---

[48] Vgl. Kuckartz (2014), S. 65.

[49] Kuckartz (2014), S. 65.

[50] Vgl. Kuckartz (2014), S. 71 f.

[51] Vgl. Kuckartz (2014), S. 69 ff.

5.5.3   Sequenzielle Designs

Die sequenziellen Designs bilden je zwei Phasen, in denen jeweils zuerst der eine Studientyp durchgeführt wird, worauf der andere Studientyp folgt. Dabei werden beide Phasen separat aufgeführt. Unterschieden wird das explanativ sequenzielle Design (Vertiefungsdesign) und das explorative Design (Verallgemeinerungsdesign). Das explanative sequenzielle Design bezeichnet das erklärende oder vertiefende Design. Die Grundlage dieses zweistufigen Designs bildet die quantitative Datenerhebung mit der anschließenden deskriptiven statistischen Auswertung. Die darauffolgende qualitative Forschung erlaubt eine tiefere Ergebnisdarstellung. Im Zuge des sequenziellen Designs wird die quantitative Forschungsmethodik priorisiert.[52] Die Ergebnisse der quantitativen Forschung können in die Entwicklung des qualitativen Interviewleitfadens einfließen, um neben der Ergänzung auch gezielt an den thematischen Lücken der quantitativen Studie anzusetzen und eine umfassendere Auffassung der Forschung zu erzielen.[53]

Unter Hinzunahme des Kriteriums der Priorität ergeben sich folgende Kombinationen: QUANT → qual, wenn die quantitative Forschung priorisiert wird und die qualitative Methode als Ergänzung hinzugezogen wird. Wird die qualitative Studie bevorzugt, ist die quantitative Methode als Vorstudie zu betrachten und wird mit quant → QUAL beschrieben. Besitzen beide Methoden die gleiche Priorität, wird das mit QUANT → QUAL bezeichnet.[54]

Demgegenüber wird beim explorativen Design zuerst die qualitative Datenerhebung durchgeführt, worauf die quantitative Datenerhebung folgt. Diese verfolgt das Ziel, numerische Angaben für die ermittelten qualitativen Daten und Zusammenhänge zu erzielen und die vorliegenden Ergebnisse zu verallgemeinern. Das dritte, transformative Design ist durch den durchgehenden Fokus auf der theoretischen Perspektive gekennzeichnet. Dabei spielt die Reihenfolge der erhobenen Daten keine zentrale Rolle.[55] Allen sequenziellen Designs ist gemein, dass die Datenintegration der beiden Forschungsansätze erst im Rahmen der Dateninterpretation erfolgt.[56]

Dadurch ergeben sich auch für das explorative Design unterschiedliche Varianten der Forschungsmethoden, die den Varianten des explanativen sequenziellen Designs ähneln. Wird die qualitative Methode priorisiert, wird die quantitative

---

[52] Vgl. Kuckartz (2014), S. 66 f.
[53] Vgl. Kuckartz (2014), S. 78.
[54] Vgl. Kuckartz (2014), S. 78.
[55] Vgl. Kuckartz (2014), S. 66 f.
[56] Vgl. Kuckartz (2014), S. 67.

Methode ergänzend hinzugezogen und als QUAL → quant bezeichnet. Besitzt dagegen die quantitative Methodik Priorität, dient die qualitative Datenerhebung als Prästudie. Sofern beide Arten gleichermaßen priorisiert werden, wird dies durch QUAL → QUANT beschrieben.[57]

In der vorliegenden Arbeit findet das explanativ sequenzielle (Vertiefungsdesign) Anwendung. Unter der Berücksichtigung der Priorität wird die quantitative Forschung priorisiert und die qualitative Datenerhebung ergänzend hinzugezogen (QUANT → qual). Dieses Design wurde zur Bearbeitung des Forschungsgegenstandes gewählt, da durch die primäre quantitative Datenerhebung zunächst der Status quo in Krankenhäusern bezüglich interner Audits im Qualitätsmanagement ermittelt werden konnte. Durch die statistische deskriptive Auswertung in Form von Häufigkeitsverteilungen wurden darüber hinaus Bewertungen interner Audits hinsichtlich unterschiedlicher Aspekte ermittelt. Durch die Gegenüberstellung dieser Aspekte durch Kreuztabellen wurden Vergleiche von klassischen Konformitätsaudits und agilen Audits gezogen, um die zweite quantitative Forschungsfrage zu beantworten. Die quantitativen Forschungsergebnisse bilden die Grundlage für die weiterführende qualitative Forschungsmethode in Form von qualitativen Experteninterviews. Im Rahmen der qualitativen Datenerhebung werden die wesentlichen Unterschiede agiler und klassischer Konformitätsaudits nochmals detaillierter untersucht, um abschließend die Perspektiven interner Audits und deren zukünftigen Veränderungspotenziale herauszuarbeiten und besonders die Potenziale agiler Audits im Gesundheitswesen aufzuzeigen.

5.6   Begründung für die Wahl von Mixed-Methods

Für eine effektive und realisierte Anwendung und Etablierung von Mixed-Methods Designs in der vorliegenden Arbeit ist es unerlässlich, die Relevanz dieser Methodik im Rahmen dieser Arbeit zu argumentieren. Es gilt abzuwägen, inwieweit eine kombinierte Vorgehensweise vorteilhaft gegenüber einer einseitig methodischen Vorgangsweise zu betrachten ist.[58]

Ausschlaggebend für die Wahl der Mixed-Methods Methodik zur Bearbeitung der vorliegenden Thematik sind verschiedenste Gründe. Primär sind dabei die Stärken und Schwächen der jeweiligen Forschungsansätze und deren Ausgleich durch den jeweils anderen Ansatz zu nennen.[59] „Ein anerkanntes

---

[57] Vgl. Kuckartz (2014), S. 81.

[58] Vgl. Buchholtz (2020), S. 221.

[59] Vgl. Buchholtz (2020), S. 221.

Grundprinzip von Mixed-Methods-Forschung lautet, dass die Schwächen, die beide Ansätze haben, durch jene Stärken, die den Verfahren aus der jeweils anderen Methodentradition zu eigen sind, ausgeglichen werden können."[60]

Der Einsatz beider empirischer Methoden ermöglicht ein umfangreicheres und mehrperspektivisches Verständnis des Forschungsgegenstandes.[61] Diesbezüglich werden Bewertungen durch die quantitative Methodik und ausführlichere Erkenntnisse über die qualitative Untersuchung abgedeckt.[62] Darüber hinaus sind die nach Greene et al. festgelegten Kriterien Triangulation, Komplementarität, Entwicklung, Initiierung sowie Erweiterung für die Wahl von Mixed-Methods ausschlaggebend.[63] Im weiteren Verlauf wird anhand der genannten Gründe näher erläutert, inwiefern eine Kombination beider Forschungsansätze sinnvoll ist und in dieser Arbeit Anwendung finden.

Durch unterschiedliche Ziele quantitativer und qualitativer Forschungsansätze werden verschiedene Kriterien zur Qualitätsbewertung beider Methoden festgelegt. Im Bereich der quantitativen Forschung sind das die Objektivität und Reliabilität, die statistische Verallgemeinerbarkeit der Resultate sowie theoriebasierte Forschungsansätze.[64] Qualitative Forschungsansätze verfolgen primär das Ziel einer ausführlichen Darlegung von Einzelfällen sowie eine offene Methodik. Hierbei ist es schwierig, exakte Hypothesen im Voraus zu definieren, große Fallzahlen zu erheben und standardisierte Forschungsinstrumente zur Datenerhebung zu konstruieren.[65] Aus diesen Zielen resultieren vielfältige Stärken und Schwächen der jeweiligen Forschungsmethodik, wobei im Folgenden die bedeutsamsten Aspekte aufgeführt werden.

5.6.1 Stärken und Schwächen der Forschungsmethoden

Die Stärken und Schwächen des jeweiligen Forschungsansatzes sind bedeutsam für die Anwendung von Mixed-Methods. Jede der beiden Forschungsstränge weist individuelle Schwächen auf, die im Rahmen des Mixed-Methods Designs

---

[60] Kelle (2017), S. 41.
[61] Vgl. Kuckartz (2014), S. 54.
[62] Vgl. Kuckartz (2014), S. 53 f.
[63] Vgl. Buchholtz (2020), S. 227.
[64] Vgl. Kelle (2014), S. 155.
[65] Vgl. Kelle (2014), S. 155 f.

durch die Stärken des anderen Forschungsansatzes ausgeglichen werden können.[66] Dies beschreibt ein maßgebliches Prinzip des Mixed-Methods Designs,
indem Methoden anhand ihrer Stärken und Schwächen komplementär angewendet
werden können.[67] Eine verallgemeinernde Bewertung der Stärken und Schwächen der einzelnen Forschungsansätze ist jedoch schwer möglich, da je nach
Forschungsgegenstand betrachtet werden muss, welche Stärke welcher Methode
die jeweilige Schwäche der anderen Methodik ausgleichen kann.[68]

Die quantitative Forschung ermöglicht es, komplexe Sachverhalte präzise und
übersichtlich darzustellen, um in erster Linie einen Überblick über den Forschungsgegenstand zu geben.[69] Darüber hinaus sind dadurch exakte Messungen
durchführbar.[70] Durch die Kontrolle und Beseitigung möglicher Störfaktoren
können kausale Faktoren ermittelt werden.[71] Durch die hohe Standardisierung
der Datenerhebung sind gute Auswertungen sowie Vergleiche durch die quantitative Forschung möglich.[72] Demgegenüber sind die Schwächen quantitativer
Forschung zu betrachten. Dass quantitative Verfahren grundlegend methodische
Standards verfolgen, die wenig Abweichungspotenzial erlauben, wird oft kritisiert, da dadurch häufig eine Reduktion an Informationen vorliegt. Dadurch sei
es oft nur eingeschränkt möglich, einen Sachverhalt im Ganzen zu betrachten.
Das bestätigt weiterhin das Argument der vereinfachten Darstellung vielseitiger
Sachverhalte. Begründet wird diese Kritik dadurch, dass bereits zu Beginn des
Forschungsvorhabens die Informationsgewinnung reduziert wird, da Hypothesen
und Forschungsfragen im Voraus festgelegt sind und durch Online-Befragungen
keine kurzfristigen Änderungen im Befragungsprozess möglich sind. Dazu zählt
auch die reduzierte Informationsgewinnung aufgrund von vorformulierten Antwortmöglichkeiten, die verhindern, relevante Informationen über die vorgegebene
Frage hinaus zu erlangen.[73] Um diese Schwäche auszugleichen ist es umso
wichtiger, komplementär die qualitative Forschung heranzuziehen.

Im Gegensatz zur quantitativen Forschung ermöglicht das qualitative Vorgehen das erweiterte Verständnis des Forschungsgegenstandes durch das Prinzip
der Offenheit durch mögliches Einschreiten und Handeln des Forschers in den

---

[66] Vgl. Kelle (2017), S. S. 41.

[67] Vgl. Kelle (2014), S. 158.

[68] Vgl. Kelle (2014), S. 158.

[69] Vgl. Perkhofer (2016), S. 138.

[70] Vgl. Böhmert & Abacioglu (2023), S. 70.

[71] Vgl. Goldenstein et al. (2018), S. 113 f.

[72] Vgl. Möhring & Schlütz (2019), S. 4.

[73] Vgl. Lamnek (2005), S. 21.

Prozess.[74] Dadurch können Themen umfangreicher beleuchtet oder neue Aspekte generiert werden.[75] Qualitative Daten sind demnach detaillierter aufgearbeitet als quantitative Werte. Die charakteristischen Merkmale qualitativer Forschung, die Offenheit und Flexibilität, tragen ebenfalls dazu bei, die Informationsreduktion so gering wie möglich zu halten.[76] Durch die flexible Anpassungsfähigkeit des Forschers an die Befragten wird die Berücksichtigung der Subjektivität der Befragten ermöglicht.[77] Auch die qualitative Forschungsmethodik weist Schwachstellen auf. Im Vergleich zur quantitativen Forschung verfolgt die qualitative Methodik einen geringen Grad an Standardisierung.[78] Folglich sind Vergleiche mehrerer Ergebnisse sowie Deutungen nur eingeschränkt möglich. Kritisiert werden darüber hinaus die Gütekriterien qualitativer Forschung. Es ist umstritten, inwiefern die Gütekriterien der quantitativen Forschung (Reliabilität, Validität und Repräsentativität), auf die qualitative Methodik zu übertragen sind.[79] Allerdings ist zu betonen, dass die qualitative Forschung andere Ziele mit anderen Ansprüchen verfolgt und somit die genannten Gütekriterien diesbezüglich keine Relevanz haben.[80] Darüber hinaus strebt die qualitative Methodik nicht danach, eine Verallgemeinerbarkeit zu erzielen.[81] Nachteilig wird auch der hohe Zeitaufwand qualitativer Forschung bewertet, da die Erhebung und Auswertung der Daten sehr zeitaufwändig sind.[82]

Darüber hinaus wurde bei der Wahl der Mixed-Methods Methodik u. a. Bezug auf die Stärke quantitativer Designs genommen, in dem eine möglichst große Stichprobe in die Befragung miteinbezogen wurde und mit einer Rücklaufquote von 31 Prozent eine repräsentative Stichprobe vorliegt. Aus den genannten Stärken und Schwächen lässt sich ableiten, dass keine der Forschungsmethoden der anderen Methode übergeordnet ist, da jede ihre individuellen Anwendungsbereiche sowie Vor- und Nachteile mit sich bringt. Flick (2011) betont die Sinnhaftigkeit, auf die Kombination beider Forschungsansätze zurückzugreifen und diese nicht separat zu betrachten.[83] „Diese Perspektiven können

---

[74] Vgl. Kirchmair (2022), S. 4.

[75] Vgl. Metag & Scheu (2023), S. 108.

[76] Vgl. Schreier & Breuer (2020), S. 268.

[77] Vgl. Gebhart et al. (2023), S. 71 f.

[78] Vgl. Goldenstein et al. (2018), S. 103.

[79] Vgl. Metag & Scheu (2023), S. 107.

[80] Vgl. Sprenger (2021), S. 115.

[81] Vgl. Sprenger (2021), S. 118.

[82] Vgl. Von dem Berge (2020), S. 285.

[83] Vgl. Flick (2011), S. 12.

sich in unterschiedlichen Methoden, die angewandt werden, und/oder unterschiedlichen gewählten theoretischen Zugängen konkretisieren, wobei beides
wiederum miteinander in Zusammenhang steht bzw. verknüpft werden sollte".[84]
Dieser Ansatz wird auch in der vorliegenden Arbeit verfolgt, indem auf die
zunächst quantitativ erhobenen Daten als Grundlage die qualitative Datenerhebung erfolgt. Dieses Vorgehen ist durch das vorliegende explanativ sequenzielle
Design (Vertiefungsdesign) gekennzeichnet.

5.6.2 Kriterien des Mixed-Methods Designs

Für die erweiterte Begründung der Mixed-Methods Anwendung werden methodische Kriterien verwendet. Der bekannteste Ansatz beruht auf der Klassifikation
von Greene et al. (1989), der die Kriterien Triangulation, Komplementarität,
Entwicklung und Erweiterung festlegt. Die Triangulation beschreibt die über-
einstimmenden Ergebnisse unterschiedlicher Methoden. Die Komplementarität
definiert insbesondere das Vertiefen und Verbessern der Ergebnisse aus beiden
Methoden. Unter der Entwicklung wird die Verwendung der Ergebnisse einer
Methode zur Unterstützung der anderen Methode verstanden. Die Initiierung
definiert das Auftreten von widersprüchlichen Ergebnissen sowie neuen Sichtwei-
sen des Forschungsgegenstandes. Das letzte Kriterium, die Erweiterung, gibt den
Versuch, den Wirkungsbereich zu erweitern, an. Dabei finden für verschiedene
Forschungskomponenten unterschiedliche Vorgehensweisen Anwendung.[85]

Durch das Vorgehen in dieser Arbeit wird das Ziel des Mixed-Method Designs,
die Ergebnisse einer Forschungsmethodik mit den Ergebnissen der anderen
Methodik zu vertiefen, erreicht. Dies wird durch die vorliegenden, von Greene
et al. festgelegten, Kriterien gezeigt, die in der Mixed-Methods Forschung als
Begründung für die Wahl und Durchführung der Methodenkombination her-
angezogen werden. Nahezu alle genannten Kriterien, außer das Kriterium der
Initiierung, werden im Rahmen dieser Forschung erfüllt, worauf im Folgenden
Bezug genommen wird.

Die Triangulation/Konvergenz, d. h. die Übereinstimmung von Ergebnissen
aus der Online-Befragung und den Experteninterviews liegt im Wesentlichen vor.
Das bezieht sich vor allem auf den grundlegenden Aspekt, dass agile Audits im
Vergleich zu klassischen Konformitätsaudits in den meisten Aspekten einer besseren Bewertung unterliegen. Das Hauptkriterium, welches in der Arbeit angestrebt

---

[84] Flick (2011), S. 12.

[85] Vgl. Buchholtz (2020), S. 227.

wird, ist das methodische Kriterium der Komplementarität. Anhand der Ergebnisse der Online-Befragung als Grundlage für die weitere Informationsgewinnung im Rahmen der Interviews, werden Forschungsansätze für die weitere Forschung gelegt. Durch die Ermittlung des Status quo und der Bewertung bezüglich interner Audits in Krankenhäusern, deren Qualität, Zufriedenheit, Effizienz und Effektivität sowie die Gegenüberstellung agiler und klassischer Konformitätsaudits, konnte der Forschungsschwerpunkt für das qualitative Vorgehen gesetzt werden. Daraus wurde abgeleitet, den Fokus gezielter auf agile Auditierung zu legen, da aus der quantitativen Analyse bessere Ergebnisse bezüglich agiler Audits hervorgingen. Das Kriterium der Entwicklung wird insofern erfüllt, dass die Entwicklung des qualitativen Forschungskonzepts mit der Erstellung des Interviewleitfadens aus den Ergebnissen der quantitativen Analyse hervorgeht. Die Erweiterung beschreibt weitestgehend die Methodik der Mixed-Methods, indem die Breite der Untersuchung durch die Durchführung einer Online-Befragung mit Qualitätsmanagementbeauftragten sowie eines Interviews ebenfalls mit Qualitätsmanagern erweitert wird.

Sofern beide Methodenansätze innerhalb eines Forschungsvorhabens Anwendung finden, können die jeweils erlangten Ergebnisse sowohl konvergent, divergent oder komplementär sein. Bei konvergenten Forschungsergebnissen stimmen die Ergebnisse aus quantitativer und qualitativer Forschung überein, wodurch das Gütekriterium der Validität bestärkt wird. Demgegenüber widersprechen sich die Ergebnisse bei einem divergenten Forschungsdesign, wodurch Probleme hinsichtlich der Validität herausgestellt werden können. Komplementäre Forschungsergebnisse werden dann erreicht, wenn sich die Forschungsergebnisse beider Methodenstränge gegenseitig ergänzen, sodass aus der Zusammenführung der Ergebnisse ein ganzheitliches Verständnis des Forschungsgegenstandes entsteht.[86] In dieser Arbeit liegen vorwiegend komplementäre Forschungsergebnisse vor. Mit der quantitativen Methodik wird zunächst die Bestandsaufnahme im Qualitätsmanagement der Krankenhäuser dargestellt und einzelne Aspekte in Bezug auf interne Audits bewertet. Dadurch ergeben sich die wesentlichen Veränderungs- bzw. Verbesserungsansätze interner Audits im Qualitätsmanagement. Die Darstellung dieser Aspekte erfolgt durch Häufigkeitstabellen. Darauf aufbauend erfolgt der Vergleich von klassischen Konformitätsaudits und agilen Audits bezüglich ausgewählter Aspekte. Die Gegenüberstellung erfolgt mithilfe von Kreuztabellen. Die quantitativen Forschungsergebnisse bilden die Grundlage für die weiterführende qualitative Forschungsmethode in Form von qualitativen Experteninterviews. Im Rahmen der qualitativen Datenerhebung werden

---

[86] Vgl. Kelle (2014), S. 157.

die Ergebnisse der quantitativen Datenerhebung vertieft und ergänzt, wodurch komplementäre Forschungsergebnisse erzielt werden.

Durch die quantitative Datenerhebung werden folgende Forschungsfragen beantwortet:

1. *Welche wesentlichen Verbesserungsansätze bezüglich interner Audits im Qualitätsmanagement der Krankenhäuser lassen sich identifizieren?*
2. *Inwiefern unterscheiden sich die Bewertungen dieser Verbesserungsansätze in Bezug auf die Differenzierung von klassischen Konformitätsaudits und agilen Audits?*

Aufbauend auf diesen Erkenntnisgewinnen erfolgt der zweite Teil des Vertiefungsdesigns durch die qualitative Datenerhebung. Mithilfe der leitfadengestützten Experteninterviews werden Daten generiert, die auf den vorangegangenen quantitativen Ergebnissen aufbauen. Ziel ist es, detaillierter auf die Differenzierung klassischer und agiler Audits einzugehen und überwiegend die Potenziale und Perspektiven agiler Auditierung aufzuzeigen. Danach wurde auch die Auswahl der Interviewteilnehmer getroffen. Für die Stichprobe wurden gezielt Qualitätsmanagementbeauftragte gewählt, die in ihren Krankenhäusern eine Kombination aus klassischen und agilen Audits durchführen, um einen direkten Vergleich der Auditierung vorliegen zu haben. Aus den quantitativen Ergebnissen lassen sich Forschungsfragen für das Vertiefungsdesign ableiten, die ebenfalls an den Kategorien der Balanced Scorecard und den dazugehörigen Key Performance Indicators orientiert sind. Diese qualitativen Forschungsfragen lauten:

1. *Wie verändert sich der Zeitaufwand für agile Audits im Vergleich zu klassischen Konformitätsaudits?*
2. *Welchen Stellenwert nimmt die Risikoidentifizierung bei klassischen Konformitätsaudits und agilen Audits ein?*
3. *Inwieweit werden Kosteneinsparungen durch gute Auditergebnisse erzielt?*
4. *Welche Determinanten beeinflussen die Effizienz und Effektivität interner Auditprozesse und wie unterscheiden sie sich hinsichtlich agiler Audits und klassischer Konformitätsaudits?*
5. *Welche Unterschiede bezüglich Personalanforderungen zwischen klassischen Konformitätsaudits und agilen Audits lassen sich identifizieren und wie beeinflussen diese Unterschiede die Auftraggeber- und Mitarbeiterzufriedenheit?*
6. *Welche Auswirkungen hat die interdisziplinäre Zusammenarbeit unterschiedlicher Abteilungen auf die Auditstrukturen und -ergebnisse?*

Quantitative Datenerhebung 6

Die quantitative Forschung erfolgt mittels einer schriftlichen Online-Befragung über das Online-Tool LimeSurvey. Dieses eignet sich vor allem für strukturierte Befragungen, bei denen alle Fragen im Voraus festgelegt sind und für standardisierte Befragungen, bei denen alle Befragten den gleichen oder einen ähnlichen Fragebogen erhalten. Zudem ist LimeSurvey für eine quantitative Datenerhebung geeignet, bei der überwiegend Zahlen oder vorgegebene Antwortmöglichkeiten abgefragt werden.[1]

In den folgenden Kapiteln wird zunächst auf die Methodik der schriftlichen Online-Befragung im Allgemeinen eingegangen. Daraufhin wird die Darstellung des Datenerhebungsinstruments sowie das Vorgehen der Datenerhebung erläutert.

6.1 Schriftliche Online-Befragung

Die Online-Befragung gewinnt in der empirischen Forschung und der Wissenschaft sowie in Abschlussarbeiten immer mehr an Bedeutung.[2] Die Online-Befragung, auch CAWI (computer assisted web interview) genannt, wird den

---

[1] Vgl. Limesurvey Manual (2023), o. S.
[2] Vgl. Möhring & Schlütz (2019), S. 140 f.

Ergänzende Information Die elektronische Version dieses Kapitels enthält Zusatzmaterial, auf das über folgenden Link zugegriffen werden kann
https://doi.org/10.1007/978-3-658-46947-4_6.

schriftlichen Umfragen zugeordnet.[3] Der Zugang zu einer Online-Umfrage erfolgt
per Link durch eine persönliche E-Mail oder ist über das Internet aufrufbar.[4]
    Bezüglich der Datenerhebung lassen sich unterschiedliche Befragungsmetho-
den festlegen. Je nach Zweck und Zielgruppe der Befragung muss eine passende
Methode im Voraus festgelegt werden. Die im Rahmen dieser Masterarbeit ange-
wandte Online-Umfrage weist einige Vorteile gegenüber den Alternativen der
telefonischen, schriftlich-postalischen und persönlich-mündlichen Befragung auf.
Ein zentraler Punkt ist die zeitliche und räumliche Unabhängigkeit zur Durchführung und Teilnahme an der Befragung. Dadurch ist es möglich, Personen über
eine größere Entfernung zu erreichen und somit eine größere Stichprobe zu befra-
gen.[5] Darüber hinaus können unterschiedliche Elemente innerhalb der Befragung
verwendet werden. Dazu zählen u. a. visualisierte Inhalte, z. B. Bilder und Videos
aber auch unterschiedliche Antwortmodi.[6] Zu den visuellen Darstellungen zählen
u. a. auch Fortschrittsbalken, um den Befragten über den aktuellen Stand und
den verbleibenden Umfang zu informieren.[7] Im Vergleich zu telefonischen oder
persönlich-mündlichen Befragungen werden diese ohne Interviewer durchgeführt.
Demzufolge besteht keine Gefahr auf Interviewer-Effekte oder Effekte sozialer
Erwünschtheit, die oft ein Risiko für fehlerhafte Umfragen darstellen.[8] Unter
Interviewer-Effekten wird die Beeinflussung der Probanden durch den Inter-
viewer hinsichtlich Motivation und Reaktion gegenüber Befragungen verstanden.
Diese Effekte entstehen durch die Wahrnehmung sämtlicher Verhaltensweisen des
Interviewers.[9]

6.1.1 Pretest

Um eine fehlerfreie Durchführung der Online-Befragung zu gewährleisten, sind
unterschiedliche Evaluationsvorgänge nötig. Ein gängiges Verfahren hierbei ist
der Pretest, welcher bereits vor der Umfrage als Testlauf durchgeführt wird.[10]

---

[3] Vgl. Möhring & Schlütz (2019), S. 140.

[4] Vgl. Möhring & Schlütz (2019), S. 141.

[5] Vgl. Wagner-Schelewsky & Hering (2022), S. 1052 f.

[6] Vgl. Wagner-Schelewsky & Hering (2022), S. 1052 f.

[7] Vgl. Bandilla (2015), S. 4.

[8] Vgl. Wagner-Schelewsky & Hering (2022), S. 1053.

[9] Vgl. Jedinger & Michael (2022), S. 985 ff.

[10] Vgl. Möhring & Schlütz (2019), S. 181.

„Ein Pretest ist die Überprüfung der technischen, handwerklichen und inhaltlichen Qualität eines Fragebogens. Das Ziel ist die Überprüfung von Validität und Reliabilität im Vorfeld der eigentlichen Erhebung."[11]

Der Pretest eines Fragebogens sollte so ausgerichtet sein, dass möglichst viele Aspekte bereits vor der eigentlichen Befragung überprüft werden können. Wichtig ist auch zu beachten, den Fragebogen über unterschiedliche technische Geräte durchzuführen (Tablet, Computer, Handy, etc.), um Probleme bezüglich des Layouts und der Funktionsweise zu erkennen. Unterschiedliche Darstellungen des Fragebogens auf unterschiedlichen Geräten können sich auf die Ergebnisse auswirken und somit systematische Fehler verursachen.[12] Primär verfolgt der Pretest das Ziel der Überprüfung der Gütekriterien Validität und Reliabilität. Somit wird herausgefunden, wie gut die Datenqualität des Fragebogens ist. Grundsätzlich sollte nicht nur die Güte getestet werden, sondern darüber hinaus auch das Untersuchungsdesign im Gesamten.[13] Der Pretest wird in drei Bereiche, der Zeit-, Sach- und Sozialdimension, eingeteilt. Im Rahmen der Zeitdimension wird z. B. die Gesamtdauer der Befragung gemessen. Die Sachdimension dient zur Verbesserung des Datenerhebungsinstruments. Darunter fallen u. a. die Verständlichkeit der einzelnen Fragestellungen oder technische Probleme. Die Sozialdimension basiert häufig auf der Sachdimension und umfasst beispielsweise die Feststellung von Problemen der Befragten, aber auch des Fragestellers. Die Ausgestaltung des Pretests ist dabei von Faktoren wie der Themenstellung oder der Befragungsmethodik abhängig.[14]

Der Pretest im Rahmen dieser Arbeit erfolgte, wie auch die quantitative Befragung selbst, mittels des Online-Umfragetools LimeSurvey. Der Pretest beinhaltet 13 Fragen, die an der offiziellen Online-Befragung orientiert sind und wurde mit 11 Teilnehmern aus dem persönlichen Umfeld durchgeführt (die zugehörigen Daten sind in Anhang 3, Tabelle 2 im elektronischen Zusatzmaterial einsehbar). Dabei ging es nicht primär um inhaltliche Aspekte, sondern vor allem darum, die Einstellungen des Onlinetools kennenzulernen sowie potenzielle Fehler zu erkennen und diese im Laufe der Fragebogenerstellung anzupassen. Die größten Anpassungen des Fragebogens, die sich durch den Pretest ergaben, beziehen sich auf die Anpassung der Fragenanzahl und Fragenformulierung sowie auf die Formulierung der Antwortoptionen.

---

[11] Möhring & Schlütz (2019), S. 182.
[12] Vgl. Möhring & Schlütz (2019), S. 147.
[13] Vgl. Möhring & Schlütz (2019), S. 181.
[14] Vgl. Möhring & Schlütz (2019), S. 182 f.

6.1.2 Datenerhebungsinstrument Fragebogen

> „Ein Fragebogen ist ein wissenschaftliches Instrument, das Personen durch eine Sammlung von Fragen oder Stimuli zu Antworten anregt mit dem Ziel der systematischen Erfassung von Sachverhalten."[15]

Fragebogen gliedern sich grundlegend in die vier Bereiche der Instruktion, dem Einstiegsteil, mindestens einem Hauptteil und einem Abschlussteil. Die Instruktion des Fragebogens dient zur Aufklärung über Aufbau, Inhalt sowie Datenschutz des Fragebogens.[16] Im Einstiegsteil dienen die Einstiegsfragen dazu, die Teilnehmenden durch meist allgemeinere Fragen in die Befragung einzuführen. Der Hauptteil des Fragebogens umfasst die zentralen inhaltlichen Themen, die sich von der Thematik und der Theorie dieser Arbeit ableiten. Häufig ist der Hauptteil in untergeordnete Bereiche gegliedert.[17] Im Abschlussteil wird die Möglichkeit geboten, weitere Impulse bezüglich des Forschungsgegenstands zu geben. Abschließend erfolgt die Danksagung für die Teilnahme an der Befragung.[18]

Der vorliegende Fragebogen gliedert sich in zwei Teile (die zugehörigen Daten sind in Anhang 4, Tabelle 3 im elektronischen Zusatzmaterial einsehbar). Der Einstiegsteil umfasst Angaben zur Struktur des Krankenhauses, in dem der befragte Qualitätsmanager tätig ist. Die Fragen des Hauptteils richten sich nach den Angaben zum Qualitätsmanagement und internen Audits und wurden in die vier Perspektiven der Balanced Scorecard (interne Prozesse, Finanzierung, Innovation-/Wissen und Kunden-Perspektive) gegliedert. Für jeden Bereich wurden anhand der Kennzahlen (Key Performance Indicators) Fragen herausgearbeitet, die in der Ergebnisauswertung als zentrale Leitfragen gelten. Den Abschluss bildet eine offene Frage bezüglich grundsätzlicher Verbesserungen interner Audits sowie eine Danksagung für die Teilnahme an der Befragung.

---

[15] Reinders (2022), S. 162.

[16] Vgl. Reinders (2022), S. 163 f.

[17] Vgl. Reinders (2022), S. 165.

[18] Vgl. Reinders (2022), S. 166.

Die optimale Länge des Fragebogens ist von unterschiedlichen Faktoren abhängig. Vorrangig kommt es dabei auf die Zielgruppe der Befragung, das Thema sowie die Ausgestaltung der Fragen an. Dabei sollte die Fragenanzahl, je nach genannten Faktoren, auf 10–50 Fragen beschränkt sein. Zudem sollte der Fragebogen zur Beantwortung einen Zeitrahmen von unter 15 bis 20 Minuten umfassen.[19] Der Fragebogen dieser Arbeit umfasst von den Einstiegsfragen bis hin zum Abschluss insgesamt 26 Fragen, wobei die Beantwortung ca. 10 Minuten in Anspruch nimmt.

Die Ausgestaltung eines Fragebogens richtet sich nach der Standardisierung der Fragen. Dabei werden offene (unstandardisierte), geschlossene (standardisierte) und halboffene (teilstandardisierte) Frageformen voneinander unterschieden. Sofern einer Frage alle Antwortmöglichkeiten vorgegeben sind, handelt es sich um geschlossene Fragen (geschlossener Indikator). Wohingegen die Probanden bei offenen Fragen frei in der Beantwortung der Fragen sind.[20] Eine Kombination der Merkmale beider Fragenarten bilden halboffene Fragen (teilstandardisierte Fragen), bei denen sowohl Antwortmöglichkeiten vorgegeben sind, aber ebenfalls eigene Antworten gegeben werden können.[21] Im Rahmen des durchgeführten Fragebogens wurden alle der genannten Frageformen angewandt. Dabei wurden primär geschlossene Fragen gestellt, um eine bessere Vergleichbarkeit der Daten zu gewährleisten. Der Fokus auf offenen Fragen wird dagegen in der qualitativen Datenerhebung auf Grundlage der qualitativen Interviews gelegt.

Bei schriftlichen Befragungen mit vorgegebenen Antworten erfolgt primär eine Unterscheidung zwischen einem dichotomen Antwortsystem und einer Ratingskala. Bei einem dichotomen Antwortsystem gibt es lediglich zwei Antwortmöglichkeiten.[22] In der vorliegenden Befragung ist die häufigste dichotome Ausprägung die Antwortmöglichkeit „ja" oder „nein". Mittels Ratingskalen werden Einschätzungen der Befragten auf einer rangbasierten Antwortskala erhoben. „Als Ratingskalen bezeichnet man Skalen, bei denen die befragten Personen die Möglichkeit haben, mehr als zwei abgestufte Antwortkategorien zur Beantwortung heranzuziehen, was mit einem Informationsgewinn einhergeht."[23] Innerhalb von Ratingskalen werden zwei Antwortmöglichkeiten unterschieden. Unipolare Antworten beginnen bei einer neutralen Ausgangsposition (Nullpunkt) und verlaufen nur in eine Richtung. Dagegen beginnen bipolare Antwortmöglichkeiten

---

[19] Vgl. Möhring & Schlütz (2019), S. 147.

[20] Vgl. Reinders (2022), S. 166.

[21] Vgl. Reinders (2022), S. 168.

[22] Vgl. Raab-Steiner & Benesch (2015), S. 58.

[23] Raab-Steiner & Benesch (2015), S. 58.

im negativen Bereich und verlaufen über eine neutrale Antwort bis hin zu
einem positiven Bereich.[24] Eine weitere Differenzierung von Ratingskalen erfolgt
anhand der Antwortabstufungen in Form von Rangordnungen. Diese Abstufungen
werden als Likert-Skala bezeichnet. Dabei wird eine Abstufung von maximal 5–7
Kategorien empfohlen, um eine Überforderung der Probanden zu vermeiden. Eine
weitere Differenzierung der Ratingskalen erfolgt ferner anhand der Etikettierung
der Antwortmöglichkeiten. Dabei werden numerische Skalen (z. B. von -3 bis
$+3$), verbale Skalenbezeichnungen (z. B. von „gar nicht" bis „sehr stark") und
grafische Etikettierungen unterschieden.[25] Ratingskalen kommen im vorliegenden
Fragebogen im bipolaren Format vor. Die häufigsten Antwortmöglichkeiten des
vorliegenden Fragebogens sind „sehr schlecht", „schlecht", „mittelmäßig" „gut",
„sehr gut".

6.1.3 Stichprobe

Die Stichprobe setzt sich aus den Qualitätsmanagementbeauftragten der Krankenhäuser in Nordrhein-Westfallen zusammen. Die Eingrenzung der Stichprobe
auf das Bundesland Nordrhein-Westfalen begründet sich durch die Repräsentativität des Bundeslandes mit der größten Anzahl an Krankenhäusern. Die Kontakte
wurden über das Deutsche Krankenhaus Verzeichnis gefunden. Zunächst wurden
über eine Handsuche in der Datenbank Google mit den Stichworten „Krankenhausverzeichnis NRW" und „Krankenhausverzeichnis Nordrhein-Westfalen"
erste Ergebnisse erzielt. Unterschiedliche Suchergebnisse wurden nach vollständigen Krankenhausauflistungen gesichtet, wobei zwei Institutionen herangezogen
wurden. Das Ministerium für Arbeit, Gesundheit und Soziales des Landes
Nordrhein-Westfalen führt eine Krankenhausdatenbank für Krankenhäuser des
Bundeslandes. Das Ausschlusskriterium für diese Institution bildet die obliga-
torische Auswahl nach Behandlungsschwerpunkten, welche im Rahmen dieser
Arbeit irrelevant sind.[26] Das Deutsche Krankenhaus Verzeichnis ermöglicht dage-
gen eine vollständige Übersicht über die Krankenhäuser, gefiltert nach Stadt,
Region oder Postleitzahl. Dadurch war eine Auflistung der Krankenhäuser in
Nordrhein-Westfalen möglich. Dieser Übersicht sind zunächst Informationen über

---

[24] Vgl. Raab-Steiner & Benesch (2015), S. 59.

[25] Vgl. Raab-Steiner & Benesch (2015), S. 58 ff.

[26] Vgl. Ministerium für Arbeit, Gesundheit und Soziales des Landes Nordrhein-Westfalen
(2024), o. S.

den Namen und Ort der Klinik, Entfernung (Luftlinie) eines bestimmten Standortes, Bettenanzahl, Fälle des gesamten Krankenhauses sowie die Kontaktdaten der unterschiedlichen Abteilungen zu entnehmen. Die Kontaktaufnahme mit dem Referenten des Deutschen Krankenhaus Verzeichnis lieferte Informationen über die Aktualität der Krankenhausübersicht. Diese beruht zum Zeitpunkt der Erstellung der Arbeit auf den Qualitätsberichten des Jahres 2021.[27]

Die zu befragende Grundgesamtheit von 529 Krankenhäusern ergibt sich aus der Auflistung des Deutschen Krankenhaus Verzeichnis. Nach Sortierung der Krankenhäuser auf die Vorbereitung zum Anschreiben bezüglich der Online-Befragung stellte sich heraus, dass einige Krankenhäuser mehrfach in der Auflistung des Verzeichnisses vorkamen, da sie teilweise in unterschiedliche Abteilungen aufgeteilt sind. Die Ansprechpartner des Qualitätsmanagements sind dieselben Personen, somit wurde die Befragung nur einmal an dieses Krankenhaus geschickt. Nach Aussortieren dieser Dopplung an gleichen Krankenhäusern ergibt sich eine Anzahl von 311 Kliniken, die per E-Mail kontaktiert wurden. Darin eingeschlossen sind sowohl Krankenhäuser der teilstationären als auch vollstationären Behandlung. Von den 311 angeschriebenen Krankenhäusern konnten 91 E-Mails nicht zugestellt werden. Daraus ergeben sich 220 zugestellte Fragebogen, zu denen die Anzahl der ausgefüllten Fragebogen ins Verhältnis gesetzt wird, um die Rücklaufquote zu berechnen.[28] Nach Ablauf der Teilnahmefrist ergab sich eine gesamte Teilnahmequote von 91 Personen. Dies entspricht einer Brutto-Rücklaufquote von 41 Prozent. Von dieser Brutto-Rücklaufquote sind 22 unvollständige Teilnahmen abzuziehen, da die Befragung aus diversen Gründen frühzeitig abgebrochen wurde. Diese 22 Fragebogen bilden daher keinen Teil der Grundgesamtheit. Die realisierte Stichprobe umfasst 69 verwertbare Fragebogen bzw. Teilnehmer, was einer Rücklaufquote von 31 Prozent entspricht (siehe Tabelle 6.1).

---

[27] Vgl. Deutsches Krankenhaus Verzeichnis (2024), o. S.
[28] Vgl. Müller (2007), S. 111.

Tab. 6.1 Rücklaufquote quantitative Befragung. (Quelle: Eigene Darstellung)

Rücklaufquote quantitative Untersuchung	N	Prozent
Versandte Fragebogen per E-Mail insgesamt	311	100
Zugestellte Fragebogen	220	70,7
Rückmeldungen inkl. unvollständiger Antworten (Brutto-Rücklaufquote)	91	41,3
Vollständige Rückmeldungen (Netto-Rücklaufquote)	69	31,3

Im Kontext wissenschaftlicher Arbeiten ist die Rücklaufquote von großer Bedeutung. Die erwartete Rücklaufquote bei Online-Befragungen liegt zwischen 10 % und 20 %, in einzelnen Fällen kann sie jedoch deutlich niedriger sein.[29] Daran gemessen ist die in dieser Arbeit erreichte Rücklaufquote von 31 % als gut zu bewerten.

Unvollständige Datensätze kommen in der Praxis häufig vor. Wird die Umfrage aus fehlendem Interesse oder ähnlichen Gründen abgebrochen, wird dies Drop-Outs oder Breakoffs genannt. Werden nur einzelne Fragen nicht beantwortet, bezeichnet man das als Item-Nonresponse.[30] Fehlende Werte mit einem Anteil zwischen 10 % bis 30 % liegen im normalen Bereich. In der durchgeführten Befragung liegt der Anteil unvollständiger Daten mit knapp 24 % innerhalb des Normbereichs. Für den Umgang mit fehlenden Daten lassen sich unterschiedliche Verfahren unterscheiden. In dieser Arbeit werden die fehlenden Datensätze nach dem beobachtungsweise Eliminierungsverfahren komplett aus der quantitativen Analyse ausgeschlossen.[31]

6.1.4 Verlauf der Datenerhebung

Die Datenerhebung erfolgte im Zeitraum vom 07.12.2023 bis 29.12.2023. Die ausgewählte Zielgruppe wurde per Mail mit einem Anschreiben bezüglich

---

[29] Vgl. Schönbucher (2010), S. 96.
[30] Vgl. Wagner-Schelewsky & Hering (2022), S. 1057 f.
[31] Vgl. Schönbucher (2010), S. 103 f.

der Online-Befragung informiert und zur Teilnahme eingeladen. Inhalte dieses Schreibens waren persönliche Informationen, das Thema dieser Arbeit sowie der Fokus der Online-Befragung. Darüber hinaus wurden Informationen über die Bearbeitungsdauer, die Anzahl der Fragen sowie Hinweise auf den Datenschutz und Anonymität gegeben. Zudem wurde auf die wissenschaftliche Relevanz der Forschung sowie auf die Relevanz der Teilnahme aufmerksam gemacht. Nach zwei Wochen wurden die Probanden mit einem Erinnerungsschreiben an die Teilnahme erinnert.

Qualitative Datenerhebung 7

Auf die schriftliche Befragung in Form eines Online-Fragebogens folgt in dieser Arbeit die Durchführung einer mündlichen Befragung anhand qualitativer Interviews. In diesem Kapitel wird das Vorgehen teilstrukturierter Experteninterviews auf Grundlage des erstellten Interviewleitfadens erläutert. Abschließend erfolgt die Darstellung des Interviewablaufs sowie das Vorgehen der qualitativen Inhaltsanalyse zur Auswertung.

7.1   Mündliche Befragung – Interview

Das Interview zählt im Bereich der qualitativen Forschungsmethodik zu den bedeutsamsten Methoden.[1] „Das Interview ist eine systematische Methode zur Informationsgewinnung, bei dem Personen durch Fragen oder Stimuli in einer asymmetrischen Kommunikationssituation zu Antworten motiviert werden."[2] Die asymmetrische Kommunikation unterscheidet das Interview grundlegend von der Alltagskommunikation, indem dem Forschenden die Rolle des Fragenden und

---

[1] Vgl. Mey & Mruck (2020), S. 316.
[2] Reinders (2022), S. 212.

Ergänzende Information Die elektronische Version dieses Kapitels enthält Zusatzmaterial, auf das über folgenden Link zugegriffen werden kann https://doi.org/10.1007/978-3-658-46947-4_7.

Zuhörenden zukommt und dem Befragten die Rolle des Erzählenden und Antwortenden.[3] Interviews werden bei qualitativer Forschung eingesetzt, um subjektive Sichtweisen der Befragten zu erfassen.[4]

Sofern zu einem bestimmten Forschungsbereich wenige bis keine Daten vorliegen, eignet sich das offene Interview, um einen ersten Einblick in die Thematik zu erhalten.[5] Der Bereich der agilen Auditierung dieser Arbeit ist ein bisher wenig präsentes Thema. Aus diesem Grund bietet die Methodik des Interviews eine gute Möglichkeit, um neben der quantitativen Datenerhebung zusätzliche Informationen zur Thematik zu erlangen. Dadurch wird das Ziel verfolgt, bestehende Forschungs- und Ergebnislücken der quantitativen Befragung zu füllen und daraus zukünftige Potenziale abzuleiten.

In der qualitativen Forschung lassen sich unterschiedliche Arten von Interviews festlegen, die sich hauptsächlich im Grad der Strukturierung unterscheiden.[6] Dazu zählt das strukturierte Interview, das teilstrukturierte Interview sowie das unstrukturierte Interview.[7] In dieser Arbeit erfolgt die qualitative Datenerhebung in Form eines teilstrukturierten Interviews. Diese Interviewform wird nachfolgend definiert.

7.1.1 Teilstrukturiertes Interview

Bei einer „teilstrukturierten qualitativen Interviewtechnik wird ein Fragenkatalog zugrunde gelegt, dieser kann und soll jedoch auf die Befragungsperson abgestimmt werden, d. h. es können spontan auftretende neue Fragen integriert und auch Änderungen der Reihenfolge der behandelten Themen vorgenommen werden."[8] Das teilstrukturierte Interview orientiert sich an den im Vorfeld festgelegten Fragen mittels eines Leitfadens, allerdings kann während des Interviews von diesem Leitfaden abgewichen werden. Somit ist eine flexible Gestaltung des Interviews in einem gewissen Rahmen möglich.[9] Dieser Aspekt unterscheidet das teilstrukturierte Interview von einem strukturierten Interview. Bei dieser Art muss aus vorgegebenen Antwortmöglichkeiten gewählt werden. Damit werden

---

[3] Vgl. Franzke & Zeitner (2023), S. 142.

[4] Vgl. Reinders (2022), S. 213.

[5] Vgl. Reinders (2011), S. 87.

[6] Vgl. Reinders (2011), S. 90 f.

[7] Vgl. Döring (2023), S. 355.

[8] Döring & Bortz (2016), S. 322.

[9] Vgl. Loosen (2016), S. 144.

flexible und eigenständig formulierte Antworten ausgeschlossen. Bei unstrukturierten Interviews steht eine freie Gesprächssituation ohne Leitfaden zwischen Interviewer und Interviewtem im Vordergrund.[10]

Der Aufbau eines teilstrukturierten Interviews lässt sich in vier Phasen einteilen. Es wird durch den allgemeinen Hintergrundteil, der so genannten Einstiegsphase eingeführt, worauf die Aufwärmphase folgt. Auf der Hauptphase liegt der Fokus der Befragung, worauf zum Abschluss die Ausstiegsphase folgt.[11] Das teilstrukturierte Interview lässt sich in verschiedene Subkategorien einteilen. Die häufigsten Interviewarten sind das Leitfadeninterview, das problemzentrierte Interview sowie das Experteninterview.[12] Letzteres wird im Rahmen dieser Arbeit durchgeführt und im folgenden Kapitel näher erläutert.

7.1.2 Experteninterview

Das Experteninterview zählt in der empirischen Sozialforschung zu den am häufigsten genutzten Verfahren.[13] „Das Experteninterview stellt ein leitfadengestütztes, halbstrukturiertes Instrument zur Erhebung von fachbezogenem Sonderwissen dar, das dem Forschenden nur durch ein Interview mit einer bestimmten Personengruppe mit Expertentum zugänglich wird."[14] Nach Przyborski und Wohlrab-Sahr (2008) werden Experten als Personen definiert, „die über ein spezifisches Rollenwissen verfügen, solches zugeschrieben bekommen und eine darauf basierende besondere Kompetenz für sich selbst in Anspruch nehmen".[15]

7.2 Rekrutierung der Stichprobe – Sampling

Die Zielgruppe dieser Befragung beschränkt sich auf Experten im Bereich der internen Auditierung im Qualitätsmanagement, insbesondere im Krankenhaus. Um im Rahmen dieser Arbeit als Experte zu gelten, muss die Person Erfahrung im Bereich agiler Auditierung und klassischer Auditierung vorweisen. Es wurden Interviewpartner ausgewählt, die einen Mix aus klassischen Konformitätsaudits

---

[10] Vgl. Von dem Berge (2020), S. 277 f.
[11] Vgl. Reinders (2011), S. 91 f.
[12] Vgl. Loosen (2016), S. 144.
[13] Vgl. Liebold & Trinczek (2009), S. 32.
[14] Leicht (2022), S. 137 f.
[15] Helfferich (2014), S. 571.

und agilen Audits praktizieren. Damit wird das Ziel verfolgt, einen umfassenden Vergleich beider Auditarten zu erforschen und angelehnt an die quantitativen Ergebnisse, die Potenziale agiler Audits zu fokussieren.

Die Rekrutierung der Interviewpartner erfolgte anhand vorher festgelegter Kriterien, um mindestens drei Interviewpartner zu erreichen.[16] Diese Kriterien werden im Folgenden aufgeführt.

- Tätigkeit in einer voll- oder teilstationären Klinik oder Tätigkeit in einer Institution mit dem Bezug zu Audits im Qualitätsmanagement
- Tätigkeit innerhalb Deutschlands
- Tätigkeit im Bereich Qualitätsmanager oder Qualitätsmanagementbeauftragter oder in einer vergleichbaren Position
- Experte mit Erfahrungswissen im Bereich klassischer und agiler Auditierung

Die Auswahl der Experten erfolgte zum einen im Zuge der Stichprobenrekrutierung der quantitativen Online-Befragung. Über eine direkte Ansprache in Form von E-Mail-Kontakt in einer Einladung zur Online-Befragung wurde zur Kontaktaufnahme im Falle einer Interviewbereitschaft unter den genannten Voraussetzungen hingewiesen. Über diesen Weg wurden insgesamt zwei Experten für die Befragung rekrutiert. Ergänzend wurde in Bezug auf aktuelle Studien zum Thema agile Auditierung der Deutschen Gesellschaft für Qualität (DGQ) ein weiterer Experte für das Interview ausgewählt.

Die Stichprobe der qualitativen Datenerhebung wird auf Grundlage der theoretischen Erkenntnisse bewusst gewählt und begründet. Da es im Bereich der qualitativen Forschung, anders als in der quantitativen Datenerhebung, mehr um die Deskription von Einzelfällen geht, wird keine statistische, sondern eine inhaltliche Repräsentativität verfolgt.[17] Zudem verfolgen Experteninterviews nicht das Ziel, die Ergebnisse generalisierbar zu machen und auf die Allgemeinheit zu übertragen.[18] Folglich werden keine großen Fallzahlen erhoben, wodurch sich die Teilnehmerzahl der Interviews auf drei Experten beläuft. Bei den durchgeführten Experteninterviews geht es nicht primär darum, neue Sachverhalte zu erlangen, sondern hinsichtlich des Vertiefungsdesigns den Forschungsgegenstand detaillierter und mehrperspektivischer zu untersuchen, um ein umfassenderes Verständnis durch mehrere Blickwinkel des Forschungsgegenstandes zu erlangen.

---

[16] Vgl. Prochazka (2020), S. 123.
[17] Vgl. Von dem Berge (2020), S. 284.
[18] Vgl. Kaiser (2021), S. 84.

Des Weiteren spielen zeitliche und inhaltliche Ressourcen eine zentrale Rolle bei der Wahl der Interviewanzahl. Durch eine geringe Anzahl an Interviewpartnern wird gewährleistet, dass eine vertiefende Informationsgewinnung möglich ist. Darüber hinaus ist in Anbetracht der begrenzten Bearbeitungszeit dieser Arbeit der Fokus auf Qualität, statt auf Quantität zu richten und die Interviewplanung, -umsetzung und -auswertung durch eine Begrenzung der Interviewpartner zu vereinfachen.[19] Zudem ist, wie zu Beginn dieser Arbeit erwähnt, die agile Arbeitsweise in deutschen Krankenhäusern zum aktuellen Zeitpunkt noch gering etabliert und dadurch das Forschungsfeld mit Experten zu dieser Thematik begrenzt.

7.3   Datenerhebungsinstrument Interviewleitfaden

„Bei qualitativen Interviews ist das zentrale Element der Leitfaden, der eine Steuerungs- und Strukturierungsfunktion erfüllt und dem beim hypothesengenerierenden Vorgehen zentrale Bedeutung zukommt."[20]

Der Interviewleitfaden bildet die Verbindung zwischen Forschungsfrage und Erkenntnissen. Dabei werden Aspekte der Forschungsfragen erhoben sowie die Inhalte in unterschiedliche Themenkategorien eingeordnet, um eine systematische Informationserhebung zu erhalten. Die Erstellung eines Leitfadens kann sowohl induktiv als auch deduktiv erfolgen. Häufig wird auch eine Mischung aus Induktion und Deduktion angeführt. Bei einem deduktiven Vorgehen werden Themenschwerpunkte mit dazugehörigen Fragen festgelegt. Das induktive Verfahren dient als Ergänzung, indem Fragen, die sich aus bereits durchgeführten Interviews ergeben, nachträglich in den Leitfaden aufgenommen werden.[21] Der Leitfaden dient der thematischen Eingrenzung und Fokussierung auf die relevanten Themen. Darüber hinaus strukturiert er den Interviewprozess von Anfang bis Ende. Der Leitfaden kann dabei unterschiedlich strukturiert sein. Er kann von einer festen Reihenfolge der Fragen bis zu Stichworten ohne vorgeschriebene Reihenfolge als Gedankenstütze aufgebaut sein. Die Wahl der Strukturierung ist von Faktoren wie den Forschungsfragen oder der individuellen Erfahrung des Interviewers abhängig. In einem Interview mit Leitfaden sind die Fragen in der Regel offen formuliert, um eine möglichst uneingeschränkte Antwort des Befragten zu

[19] Vgl. Von dem Berge (2020), S. 285.
[20] Misoch (2019), S. 65.
[21] Vgl. Reinders (2011), S. 94.

erhalten.[22] Ein Interviewleitfaden sollte nicht mehr als zwei Seiten umfassen und sich auf rund acht bis fünfzehn Fragen beschränken.[23]

7.3.1 Entwicklung des Interviewleitfadens

Der Interviewleitfaden mit den entsprechenden Interviewfragen zur Datenerhebung wurde mithilfe der SPSS-Methode (sammeln, prüfen, sortieren, subsumieren) nach Helfferich erstellt. Diese Methode strebt danach, das Grundprinzip der qualitativen Forschung, die Offenheit, zu erhalten und gleichzeitig den Interviewleitfaden zu strukturieren.[24] Das Prinzip der Offenheit muss hinsichtlich eines Interviews sowohl aus der Perspektive des Interviewten als auch aus der Perspektive der Interviewenden beachtet werden. Für die Interviewten bedeutet das, dass sie die Möglichkeit haben, frei auf die Interviewfragen zu antworten und eigene Begrifflichkeiten anwenden zu können. Für die Interviewenden dagegen bedeutet Offenheit, sich auf die subjektiven Wahrnehmungen und Einstellungen des Interviewpartners einzulassen und sich von der eigenen Deutung zu distanzieren.[25]

Der erste Schritt der SPSS-Methode umfasst das Sammeln und das Zusammentragen möglicher Fragen bezüglich des Forschungsthemas.[26] Im zweiten Schritt „Prüfen" werden die festgelegten Fragen aus Schritt 1 auf Eignung geprüft und bearbeitet, indem sie strukturiert und auf die wichtigsten Fragen reduziert werden.[27] Zudem werden suggestive Fragen vermieden, um die Neutralität in der Fragestellung sicherzustellen.[28] Dadurch kann der Gefahr auf ein Verzerrungsrisiko durch den Interviewenden („Interviewer-Bias") entgegengewirkt werden.[29] Somit dienen die ersten beiden Schritte des SPSS-Prinzips einer Bestandsaufnahme des Themas, um bereits erlangtes Wissen aufzuarbeiten. Im Rahmen des dritten Schritts erfolgt die Sortierung der übrigen Fragen. Je nach Forschungsthema kann die Sortierung nach unterschiedlichen Dimensionen

---

[22] Vgl. Misoch (2019), S. 66.

[23] Vgl. Mey & Mruck (2020), S. 327.

[24] Vgl. Helfferich (2014), S. 566 f.

[25] Vgl. Helfferich (2014), S. 562 f.

[26] Vgl. Helfferich (2014), S. 567.

[27] Vgl. Helfferich (2014), S. 567.

[28] Vgl. Von dem Berge (2020), S. 289.

[29] Vgl. Leicht (2022), S. 140 f.

erfolgen.[30] Im Rahmen dieser Arbeit erfolgt eine Sortierung nach inhaltlichen Aspekten. Der letzte Schritt „Subsumieren" umfasst die finale Überarbeitung des Interviewleitfadens. Darüber hinaus wird für jedes Bündel eine Erzählaufforderung formuliert, der weitere Aspekte untergeordnet werden. Die Aspekte in Form von Stichworten oder ausformulierten Fragen dienen der Überprüfung und werden dem Interviewten gestellt, sofern die Aspekte nicht bereits durch die offene Erzählaufforderung angesprochen wurden.[31] Bei der Durchführung von Experteninterviews ist allerdings zu beachten, den Interviewleitfaden strukturierter als bei narrativen Interviews zu gestalten sowie gezieltere Fragestellungen zu formulieren.[32] In Bezug auf den Interviewleitfaden bedeutet das, Fragen an Stelle von Erzählaufforderungen spezifischer zu formulieren.[33]

Der Interviewleitfaden beinhaltet unterschiedliche Frageformen. Diese sollten primär nach vier Kriterien unterschieden werden. Zum einen werden sie nach ihrem Rang differenziert. An oberster Stelle stehen Einstiegsfragen, die das Gespräch eröffnen. Diesen Einstiegsfragen sind weitere Fragen untergeordnet. Darüber hinaus können Fragen hinsichtlich der Formulierung unterschieden werden. Dabei können feste Frageformulierungen von Stichworten abgegrenzt werden. Die Unterscheidung nach dem Kriterium der Verbindlichkeit erfolgt durch zusätzliche Fragen, die zur Nachfrage in bestimmten Situationen dienen. Die vierte Kategorie der Differenzierung erfolgt nach dem inhaltlichen Steuerungsgrad. Um eine offene und flexible Gesprächsführung zu gewährleisten, sind Steuerungs- und Aufrechterhaltungsfragen in den Leitfaden miteinzubeziehen.[34] Für eine erfolgreiche Erstellung des Interviewleitfadens ist es zudem wichtig, mit jeder Frage nur eine Sache anzusprechen, um ungenaue Fragestellungen und unzureichende Antworten zu vermeiden.[35]

Ein Interviewleitfaden gliedert sich in mehrere Themengebiete. Jeder Themenblock wird mit Hauptfragen eingeleitet, welchen weitere Steuerungs- und Aufrechterhaltungsfragen untergeordnet sind. Die Hauptfragen werden in allen Experteninterviews in gleicher oder ähnlicher Weise gestellt. Die Steuerungs- und Aufrechterhaltungsfragen dienen als Nach- und Detailfragen und kommen nur zum Einsatz, sofern die Hauptfragen nicht ausreichend beantwortet wurden.[36]

---

[30] Vgl. Helfferich (2014), S. 567.

[31] Vgl. Helfferich (2011), S. 178 f.

[32] Vgl. Helfferich (2019), S. 682.

[33] Vgl. Helfferich (2014), S. 571 f.

[34] Vgl. Helfferich (2011), S. 181.

[35] Vgl. Von dem Berge (2020), S. 288.

[36] Vgl. Von dem Berge (2020), S. 288.

Es ist zu beachten, die aufgestellten Hypothesen oder Forschungsfragen im Rahmen des Interviews nicht direkt an den Interviewten weiterzugeben. Demzufolge werden die Forschungsfragen operationalisiert, indem durch weitestgehend offene Fragen, die Fragen und Hypothesen aufgegliedert und übersetzt werden.[37]

Interviews, die mithilfe eines Leitfadens durchgeführt werden, weisen in der Regel einen viergeteilten Aufbau aus einer Einstiegs-, Aufwärm-, Haupt- und Ausstiegsphase auf.[38] Das Interview wird durch die Einstiegsphase eingeleitet. Diese Phase dient zum Kennenlernen des Interviewpartners sowie zur Informationsvermittlung über wichtige Aspekte. Darüber hinaus wird der Interviewpartner über die thematischen Kategorien, den groben Ablauf der Befragung sowie die voraussichtliche Dauer informiert.[39] Zudem wird nochmals die Zustimmung über Tonaufzeichnungen eingeholt sowie die Bewahrung der Anonymität des Interviews zugesichert.[40]

Die Aufwärmphase dient zur Einführung in den Gesprächsverlauf.[41] Im Rahmen dieser Arbeit erfolgt diese Phase offen durch eine zentrale Einführungsfrage. Sie dient dazu, in den Gesprächsverlauf einzusteigen sowie allgemeine Informationen und Erfahrungswerte zu den durchgeführten Audits einzuholen. Um die Grundlage für den weiteren Gesprächsverlauf zu schaffen, wird in dieser Phase herausgefunden, auf welche Art die Kombination klassischer Konformitätsaudits und agiler Audits erfolgt und welche agilen Verfahren genutzt werden.

Die Hauptphase bildet den zentralen Teil des Interviewleitfadens. Hierbei werden die festgelegten Themen inhaltlich in Themenblöcke eingeteilt. Wie detailliert die Antworten auf die gestellten Fragen erfolgen, liegt dabei bei den Interviewteilnehmern.[42] Der Hauptteil dieses Leitfadens wird, wie auch der quantitative Fragebogen, in vier Hauptkategorien eingeteilt, die nach den Perspektiven der Balanced Scorecard klassifiziert sind (interne Prozess-, Finanz-, Wissens- und Innovations- sowie Kunden-Perspektive). Anhand der den Perspektiven zugeteilten Key Performance Indicators werden hauptsächlich offene Fragen gestellt. Damit wird im Vergleich zur quantitativen Datenerhebung zu denselben Perspektiven erweiterte Informationen erhoben, um im Anschluss im Rahmen einer qualitativen Inhaltsanalyse eine systematische und kategorische Informationsaufbereitung zu erzielen. Die Ausgestaltung des Leitfadens richtet sich nach den

---

[37] Vgl. Von dem Berge (2020), S. 287.

[38] Vgl. Reinders (2022), S. 217.

[39] Vgl. Renner & Jacob (2020), S. 58.

[40] Vgl. Renner & Jacob (2020), S. 58 f.

[41] Vgl. Reinders (2022), S. 217.

[42] Vgl. Reinders (2022), S. 218.

zuvor erläuterten Regeln zur Leitfadenerstellung. In den vier unterschiedlichen Kategorien ergeben sich insgesamt sechs Forschungsfragen, die dem Interviewpartner im Laufe des Interviews nicht direkt gestellt werden, sondern durch die jeweiligen Leit- bzw. Hauptfragen beantwortet werden sollen. Durch diese Fragen werden Rückschlüsse auf die Forschungsfragen gezogen. Für jede Forschungsfrage wurden eine bis drei Leit-/Hauptfragen festgelegt, um aufschlussreiche Informationen zur Beantwortung der Forschungsfragen zu erhalten, aber dennoch den Umfang des Interviews im Rahmen zu halten. Die optionalen Nach- und Detailfragen wurden in Form von vollständigen Sätzen oder Stichworten formuliert. Dabei wurden für jede Leitfrage maximal zwei Aspekte zur Nachfrage festgelegt.

Um Verzerrungen und Fehler zu vermeiden, muss ein gleiches Fragenverständnis jedes Teilnehmers gegeben sein. Dafür ist es wichtig, Begriffsdefinitionen zu klären.[43] Anhand des in dieser Arbeit erstellten Leitfadens ist es bezüglich der Forschungsfragen wichtig, sowohl die Definition klassischer Konformitätsaudits als auch agiler Audits im Voraus an das Interview zu erläutern. Je nach Zusammenhang und Verständnis kann es hilfreich sein, genannte agile Verfahren wie Scrum oder Kanban zu definieren.

Der erste Interviewblock zur Kategorie „Interne Prozesse" umfasst die Abfrage des Zeitaufwands von der Planung bis zum Abschluss der internen Audits. Darüber hinaus wird in diesem Block die Risikoidentifizierung thematisiert. Im zweiten Fragenblock zur Finanz-Perspektive wurden die finanziellen Aspekte bezüglich Audits betrachtet. Dabei geht es primär um die erzielten Kosteneinsparungen sowie zentrale finanzielle Veränderungen hinsichtlich beider betrachteten Auditarten. Darauf folgt der dritte Fragenblock hinsichtlich der Wissens- und Innovationsperspektive. In diesem Themenblock werden primär die Bereiche der Effektivität und Effizienz der internen Audits erforscht. Es sollen Unterschiede der Effektivität und Effizienz hinsichtlich beider Auditarten erläutert werden. Dazu wird u. a. auf die jeweiligen Prüfprozesse Bezug genommen. Darüber hinaus lässt sich die Anwendung von Kennzahlen dem Bereich der Effizienz von Audits zuordnen. Aus diesem Grund wird der Einfluss praxisrelevanter Kennzahlen in internen Audits näher untersucht. Im vierten Themenbereich werden Fragen in Bezug auf die Kunden-Perspektive gestellt. Es wird erforscht, inwiefern sich die Personalanforderungen zwischen klassischen Konformitätsaudits und agilen Audits unterscheiden. Darüber hinaus spielt der Aspekt der Zufriedenheit sowohl der Mitarbeiter als auch der Auftraggeber eine entscheidende Rolle. Zudem wird

---

[43] Vgl. Von dem Berge (2020), S. 287.

die interdisziplinäre Zusammenarbeit anderer Abteilungen und die Auswirkungen auf die Auditstrukturen und Auditergebnisse thematisiert.

Die Ausstiegsphase des Interviews bietet dem Interviewten die Möglichkeit, noch weitere relevante Aspekte zur Thematik zu erbringen, die im Verlauf des Interviews nicht zur Sprache kamen, aber dennoch relevante Informationen zum Forschungsgegenstand liefern.[44] Dabei kann es sich in dieser Arbeit beispielsweise um eine Zusammenfassung des Gesagten oder allgemeinen Chancen, Risiken, Potenzialen oder Aussichten bezüglich interner Audits handeln.

7.4   Pretest

Wie beim quantitativen Vorgehen, fand auch im Rahmen der qualitativen Forschungsmethodik ein Pretest statt. Dieser wurde mit einer Person aus dem privaten Umfeld online per Zoom durchgeführt und diente primär zur Überprüfung des entwickelten Interviewleitfadens. Dabei wurde weniger Wert auf die inhaltliche Beantwortung der Fragen gelegt, sondern mehr auf die Verständlichkeit der Interviewfragen. Darüber hinaus diente der Pretest zur Überprüfung der Technik, v. a. in Bezug auf die Tonbandaufnahme.[45]

7.5   Planung und Durchführung der Interviews

Vor der Durchführung des leitfadengestützten, semistrukturierten Experteninterviews wurden die befragten Experten über wichtige Hinweise wie Rahmenbedingungen, Ziel der Forschung und personenbezogener Datenschutz in Kenntnis gesetzt. Des Weiteren wurden die zu erforschten Fragen formuliert und es erfolgt die Formulierung der zentralen Forschungsfragen, die anhand des Interviews beantwortet werden sollen. Durch die Interviews sollen neben der quantitativen Datenerhebung Erkenntnisse zu den Perspektiven interner Audits abgeleitet und somit Bezug auf den Strukturwandel in Krankenhäusern genommen werden.

Die Gütekriterien qualitativer Interviews unterscheiden sich von den Gütekriterien quantitativer Datenerhebung. Während Objektivität, Validität und Reliabilität die zentralen Gütekriterien der quantitativen Forschung bilden, sind diese in den

---

[44] Vgl. Reinders (2022), S. 218.
[45] Vgl. Egelhaaf (2023), S. 57 f.

qualitativen Interviews keine zweckmäßigen Kriterien. Dagegen liegt der Fokus im Qualitativen auf der Subjektivität.[46]

Die Interviews werden mittels des Online-Videokonferenzprogramms Zoom und dem vorab definierten Interviewleitfaden durchgeführt. Für jedes Interview ist eine Dauer von maximal 60 Minuten geplant. Das Interview wird über das Videokonferenzprogramm nach der Zustimmung des Interviewpartners aufgezeichnet und nach Durchführung aller Befragungen transkribiert. Die Relevanz von Audioaufzeichnungen wird damit begründet, erheblichen Informationsverlusten der Inhalte entgegenzuwirken.[47] Audioaufzeichnungen bieten in dieser Arbeit die Möglichkeit, eine umfangreiche und detaillierte Auswertung, hier als qualitative Inhaltsanalyse, zu ermöglichen und relevante wörtliche Zitate in der Arbeit aufzuführen. Die Transkription der durchgeführten Interviews erfolgte mit der Analysesoftware MAXQDA. Anschließend wurden diese Transkripte händisch überprüft und angepasst. Bei der Transkription wird, abhängig von Forschungsgegenstand und Forschungsziel, zwischen unterschiedlichen Transkriptionsregeln unterschieden. Bei der Analyse des vorliegenden teilstrukturierten Interviews ist vor allem von Bedeutung, was im Interview gesagt wird und nicht wie es gesagt wird. In dieser Arbeit findet das wörtliche Transkriptionssystem Anwendung, dabei wird das vorliegende Datenmaterial in Textform verfasst.

„Es wird wörtlich transkribiert, also nicht lautsprachlich oder zusammenfassend. Vorhandene Dialekte werden nicht mit transkribiert, sondern möglichst genau in Hochdeutsch übersetzt, damit die Texte gut durchsucht werden können."[48] Da der inhaltliche Aspekt in dieser Auswertung im Vordergrund steht, wird das Textmaterial in die Standardsprache übertragen und Grammatikfehler korrigiert und angepasst. Zusätzlich wird eine geglättete Transkription bezüglich Sprache und Interpunktion vorgenommen. Die übersichtlichen Transkriptionsregeln und Transkripte der Interviews sowie der vollständig strukturierte Interviewleitfaden sind dem Anhang 5 (Tabelle 4), Anhang 7 und Anhang 8 des elektronischen Zusatzmaterials zu entnehmen.

---

[46] Vgl. Helfferich (2019), S. 683.
[47] Vgl. Helfferich (2019), S. 683.
[48] Rädiker & Kuckartz (2019), S. 44.

Die Analyse wird mittels einer qualitativen Inhaltsanalyse nach Kuckartz durchgeführt. Dabei werden Elemente der Interviews in ein entwickeltes Kategoriensystem eingeteilt.[49] Auf dieses inhaltsanalytische Vorgehen wird im nachfolgenden Kapitel Bezug genommen. Die Daten der Teilnehmer des Interviews werden vertraulich behandelt und Auszüge aus dem Transkript anonym in der Arbeit aufgeführt oder zitiert. Damit sind keine Rückschlüsse auf die Interviewten möglich. Die Aufklärung über die Datenerhebung und -verwendung erfolgte vor der Interviewdurchführung sowohl schriftlich durch eine Einwilligungserklärung als auch mündlich im Rahmen der Einstiegsphase des Leitfadeninterviews.

Die Befragungspersonen werden codiert, indem jeder Person ein Buchstabe, meistens nach der Reihenfolge des Alphabets, zugeteilt wird. Der Interviewer wird in den Transkripten mit „I" abgekürzt.[50] Auf dieser Grundlage wurde in dieser Arbeit statt des Namens der befragten Person eine verallgemeinernde Abkürzung „S" für „Sprecher" und die Nummerierung 1 bis 3 (S1 bis S3) festgelegt.

7.6   Qualitative Inhaltsanalyse

Die Analyse des qualitativen Konzepts erfolgt mithilfe des Verfahrens der qualitativen Inhaltsanalyse. Der qualitative Teil der vorliegenden Forschung verfolgt das Ziel, die quantitativen Ergebnisse zu vertiefen, komplementär zu ergänzen und Forschungslücken zu schließen.

Bei der qualitativen Inhaltsanalyse handelt es sich um eine Auswertungsmethode zur systematischen Datenanalyse.[51] Diese stellt ein gängiges Verfahren dar, das aufgrund unterschiedlicher Interpretationsmöglichkeiten in vielfältigen Forschungsgebieten Anwendung findet.[52] Über dieses systematische Vorgehen erfolgt eine Bildung von Kategorien, welchen die Informationen der Informationserhebung zugeordnet werden.[53] Im Rahmen dieser Arbeit wird die Vorgehensweise nach Udo Kuckartz angewendet. Kuckartz unterscheidet drei zentrale Auswertungsmethoden, die inhaltlich strukturierende Inhaltsanalyse, die evaluative Inhaltsanalyse und die typenbildende Inhaltsanalyse.[54] In dieser Arbeit findet

---

[49] Vgl. Girnus (2022), S. 467.

[50] Vgl. Franzke & Zeitner (2023), S. 156 f.

[51] Vgl. Oedl (2020), S. 89.

[52] Vgl. Pawicki (2014), S. 141.

[53] Vgl. Girnus (2022), S. 459 ff.

[54] Vgl. Pawicki (2014), S. 142.

die inhaltlich strukturierende Inhaltsanalyse Anwendung, weshalb im folgenden Verlauf nur auf diese Methodik Bezug genommen wird. „Die strukturierende qualitative Inhaltsanalyse ist ein Auswertungsverfahren zur inhaltlichen Reduzierung und Strukturierung von Textmaterial im Hinblick auf eine konkrete Forschungsfrage."[55] Nach Kuckartz erfolgt die Differenzierung der inhaltlich strukturierenden Inhaltsanalyse in sieben Phasen, die im Folgenden dargestellt sind.[56]

Phase 1: Initiierende Textarbeit
Die Auswertung beginnt mit der Bearbeitung des transkribierten Textmaterials. Auf die Forschungsfragen bezogene wichtige Textstellen werden markiert und durch die Erstellung von Memos zentrale Besonderheiten, wichtige Anmerkungen oder Vermutungen für den weiteren Auswertungsprozess notiert.[57]

Phase 2: Entwickeln von thematischen Hauptkategorien
Nach der Sichtung des Textmaterials erfolgt die Formulierung von Hauptkategorien, welche inhaltlich das Oberthema des Textabschnitts darstellen. Sofern ein Interviewleitfaden mit Oberthemen Anwendung findet, werden die Hauptkategorien deduktiv durch die Inhalte des Leitfadens bestimmt.[58] Darüber hinaus können induktiv ergänzende Kategorien festgelegt werden, die sich im Rahmen der Textarbeit ergeben.[59]

Phase 3: Codieren des gesamten bisher vorhandenen Materials mit den Hauptkategorien
In der dritten Phase erfolgt der Codierprozess des Textmaterials. Dabei werden die einzelnen Textabschnitte durchgearbeitet und den themenbezogenen Hauptkategorien zugeordnet. Dabei ist es möglich, Textelemente in mehrere Hauptkategorien einzuordnen, sofern die Textpassage mehrere Aspekte thematisiert. Sofern Textstellen für die Beantwortung der Forschungsfragen nicht relevant sind, werden diese nicht codiert.[60] Bei der Ableitung der Kategorien

---

[55] Kaufmann (2021), S. 92.
[56] Vgl Kaufmann (2021), S. 93.
[57] Vgl. Kaufmann (2021), S. 93.
[58] Vgl. Kaufmann (2021), S. 93.
[59] Vgl. Kuckartz & Rädiker (2020), S. 32 f.
[60] Vgl. Kaufmann (2021), S 93.

aus dem Interviewleitfaden werden die Fragen des Leitfadens in die Kategorien übertragen. Dabei können einer Kategorie mehrere Fragen zugeordnet werden.[61]

Phase 4: Zusammenstellen aller mit der gleichen Hauptkategorie codierten Textstellen
Alle Textstellen, die derselben Hauptkategorie zugeordnet wurden, werden zusammengestellt und dadurch inhaltlich strukturiert.[62]

Phase 5: Induktives Bestimmen von Subkategorien am Material
Für die Ausdifferenzierung der Hauptkategorien werden diesen in der fünften Phase Subkategorien anhand der schriftlichen Daten zugeordnet. Textstellen mit dem gleichen thematischen Bezug zu einer Hauptkategorie bilden eine Subkategorie.[63]

Phase 6: Codieren des kompletten Materials mit dem ausdifferenzierten Kategoriensystem
Nach der Definition von Subkategorien wird das gesamte Textmaterial in der sechsten Phase im Rahmen eines zweiten Codierprozesses nochmals codiert. In dieser Phase werden die den Hauptkategorien zugeordneten Textstellen in die jeweiligen Subkategorien eingeordnet.[64]

Phase 7: Einfache und komplexe Analyse, Visualisierungen
Nach vollständiger Kategorienbildung erfolgt in der letzten Phase die Ergebnisauswertung des Kategoriensystems.[65] In dieser abschließenden Phase wird das Ziel verfolgt, Zusammenhänge, Bewertungen und Expertenmeinungen zu generieren und diese Ergebnisse gesamtheitlich zu betrachten.[66]

Kuckartz unterscheidet, je nach Forschungsvorhaben, sechs unterschiedliche Auswertungsformen der inhaltlich strukturierenden Inhaltsanalyse, wovon die kategorienbasierte Auswertung entlang der Hauptkategorien in dieser Arbeit zum Einsatz kommt.[67] Diese Auswertungsform fokussiert die systematische Beschreibung der Ergebnisse jeder Hauptkategorie (mit den dazugehörigen Subkategorien). Dabei ist primär das Gesagte zu einem Thema relevant. Zudem können auch

---

[61] Vgl. Kuckartz & Rädiker (2020), S. 30 ff.
[62] Vgl Kaufmann (2021), S. 93.
[63] Vgl. Kaufmann (2021), S. 93.
[64] Vgl. Kaufmann (2021), S. 94.
[65] Vgl. Kaufmann (2021, S. 94.
[66] Vgl. Kuckartz et al. (2009), S. 83.
[67] Vgl. Kaufmann (2021), S. 94.

Häufigkeiten, wie oft ein Aspekt angesprochen wurde, thematisiert werden.[68] Diese Auswertungsform mit inhaltlichen Zusammenfassungen des Gesagten ist für die Beantwortung der vorliegenden Forschungsfragen zweckmäßig. Das Ziel dieser Untersuchung ist herauszufinden, welche Aspekte zukünftig für eine erfolgreiche Implementierung interner Audits zu berücksichtigen sind und welche Potenziale interne agile Auditierung aufweist.

---

[68] Vgl. Kaufmann (2021), S. 98.

Ergebnisse

8

Im weiteren Verlauf werden die Ergebnisse der Mixed-Methods Methodik darge-stellt. Nach dem sequenziellen explanativen Design (Vertiefungsdesign) werden zunächst die Ergebnisse der quantitativen Untersuchung deskriptiv ausgewertet. Für eine übersichtliche Darstellung der Ergebnisse wurden Häufigkeitstabellen für jede Frage generiert. Darüber hinaus wurden Kreuztabellen zum Vergleich zweier Variablen erstellt. Darauf folgt die Auswertung der qualitativen Interviews auf Grundlage der qualitativen Inhaltsanalyse nach Kuckartz. Den abschließen-den Teil des Kapitels stellt die Zusammenführung der Ergebnisse hinsichtlich der Mixed-Methods Integration sowie deren Diskussion dar.

8.1 Quantitative Datenanalyse: Fragebogenauswertung

Die statistische Auswertung von Umfragen ist elementar, um anhand von Analysen und Interpretationen aussagekräftige Erkenntnisse aus den Daten zu generieren. Für einen ersten Überblick wird die beschreibende (deskriptive) Sta-tistik herangezogen. Diese „zielt darauf ab, die in einem Datensatz erhaltenen Informationen möglichst übersichtlich darzustellen, so dass das ‚Wesentliche‘ schnell erkennbar wird. Diese Beschreibungen beschränken sich in ihrer Geltung auf die Menge von Fällen, für die Daten erhoben wurden."[1]

---

[1] Raithel (2008), S. 120.

Ergänzende Information Die elektronische Version dieses Kapitels enthält Zusatzmaterial, auf das über folgenden Link zugegriffen werden kann https://doi.org/10.1007/978-3-658-46947-4_8.

Die Datenaufbereitung zur standardisierten Testauswertung erfolgte mithilfe des Datenanalyseprogramms SPSS.[2] Zu Beginn wurden alle Fragebogen mit einer fortlaufenden Identifikationsnummer versehen, um fehlerhafte Eingaben identifizieren zu können. Darüber hinaus wurden die generierten Daten auf Fehler geprüft sowie unvollständige Daten bereinigt. Die Definition der relevanten Variablen erfolgte anhand der Fragestellungen.

Ein weiterer zentraler Punkt der Datenaufbereitung ist die Festlegung des Skalenniveaus. Dabei werden nominale, ordinale und metrische Skalen unterschieden.[3] Im Rahmen dieses Fragebogens sind Fragen zu nominalen sowie ordinalen Skalen aufgeführt, welche dem Skalenniveau entsprechend ausgewertet und tabellarisch dargestellt werden. Zur deskriptiven Auswertung zählt u. a. die Bestimmung der absoluten und relativen Häufigkeiten jeder Variable und deren Merkmalen, um die erhobenen Daten übersichtlich darzustellen.[4] Die Variablen der absoluten und relativen Häufigkeiten der Online-Befragung werden in Häufigkeitstabellen dargestellt. Um zwei Variablen miteinander zu kombinieren, werden die Häufigkeiten durch Kreuztabellen veranschaulicht. Absolute Häufigkeiten geben die Gesamtzahl an befragten Personen an, die eine bestimmte Antwortmöglichkeit angegeben haben. Bei relativen Häufigkeiten dagegen wird der absolute Wert im Verhältnis zu der Gesamtheit der Antworten gesetzt. Werden relative Häufigkeiten in Prozentzahlen angegeben, spricht man von prozentualen Häufigkeiten.[5]

Die vorliegenden Häufigkeitstabellen repräsentieren eine Stichprobe von 69 Teilnehmenden (N = 69) der Krankenhäuser in Nordrhein-Westfalen. Zu Beginn der Umfrage wurden zunächst Daten zur Struktur des Krankenhauses erhoben, um einen Überblick über die Stichprobe zu geben. Diese Daten beinhalten Informationen zu der Trägerschaft der Krankenhäuser, der aktuellen Bettenanzahl des Hauses, der Art der Versorgungsstufe sowie der vorliegenden Behandlungsart. Im Hauptteil der Befragung wurden Daten zum Qualitätsmanagement und internen Audits erhoben. Dabei geht es primär um die Auditprozesse und deren Qualität sowie um den Personaleinsatz.

Nachfolgend werden die deskriptiven Ergebnisse der quantitativen Befragung aufgeführt, um diese anschließend in Bezug auf die Forschungsfragen zu analysieren.

---

[2] Vgl. IBM SPSS Statistics (o. J.), o. S.
[3] Vgl. Brell et al. (2017), S. 8 f.
[4] Vgl. Reinders & Post (2022), S. 270.
[5] Vgl. Brell et al. (2017), S. 14 ff.

8.1.1   Strukturdaten des Krankenhauses

Frage 1: Handelt es sich bei der Einrichtung, in der Sie tätig sind, um ein privates, öffentliches oder freigemeinnütziges Krankenhaus?

Tab. 8.1   Trägerschaft des Krankenhauses. (Quelle: SPSS-Auswertung, Eigene Darstellung)

Trägerschaft

		Häufigkeit	Prozent	Gültige Prozente	Kumulierte Prozente
Gültig	Privat	6	8,7	8,7	8,7
	Öffentlich	24	34,8	34,8	43,5
	Freigemeinnützig	39	56,5	56,5	100,0
	Gesamt	69	100,0	100,0	

Krankenhäuser werden anhand ihrer Trägerschaften nach privaten, öffentlichen und freigemeinnützigen Krankenhäusern eingeteilt.[6] An der Umfrage beteiligt waren 6 private Kliniken, 24 öffentliche Kliniken sowie 39 freigemeinnützige Krankenhäuser. Den Großteil der befragten Krankenhäuser bilden freigemeinnützige Krankenhäuser mit 56,5 % (Tabelle 8.1).

Frage 2: Nennen Sie bitte die aktuelle Bettenanzahl des Krankenhauses.

Tab. 8.2   Aktuelle Bettenanzahl des Krankenhauses. (Quelle: SPSS-Auswertung, Eigene Darstellung)

Deskriptive Statistiken

	N	Minimum	Maximum	Mittelwert	Std.-Abweichung
Aktuelle Bettenanzahl	69	24	1500	510,14	380,345
Gültige Werte (listenweise)	69				

Die aktuelle Bettenanzahl der befragten Krankenhäuser und somit die Kapazität zur Behandlung von Patienten variiert sehr stark. Das Minimum der befragten Krankenhäuser bildet eine Einrichtung mit 24 Betten, das Maximum ein Krankenhaus mit 1500 Betten. Der Mittelwert der aktuellen Bettenanzahl beträgt 510,14 Betten (Tabelle 8.2).

---

[6] Vgl. Deutsches Krankenhaus Institut (2020), S. 32.

*Frage 3: Handelt es sich um ein Krankenhaus der Grund-, Regel-, Schwerpunkt
oder Maximalversorgung?*

Tab. 8.3 Versorgungsstufen des Krankenhauses. (Quelle: SPSS-Auswertung, Eigene Darstellung)

Versorgungsstufen

		Häufigkeit	Prozent	Gültige Prozente	Kumulierte Prozente
Gültig	Grundversorgung	5	7,2	7,2	7,2
	Regelversorgung	27	39,1	39,1	46,4
	Schwerpunktversorgung	18	26,1	26,1	72,5
	Maximalversorgung	13	18,8	18,8	91,3
	Keine Angabe	6	8,7	8,7	100,0
	Gesamt	69	100,0	100,0	

Krankenhäuser werden hinsichtlich der Anzahl der Abteilungen sowie der Bettenanzahl in Versorgungsstufen eingeteilt. Durch die Landeskrankenhausgesetze lassen sich vier Versorgungsstufen unterteilen: Krankenhäuser der Grund-, Regel-, Schwerpunkt- und Maximalversorgung. Krankenhäuser der Grundversorgung bieten eine Versorgung in den Bereichen der inneren Medizin und allgemeinen Chirurgie. Bei der Regelversorgung werden zusätzliche Fachabteilungen eingeschlossen. Diese sind in den meisten Fällen die Bereiche der Gynäkologie, Hals-Nasen-Ohren-Heilkunde, Augenheilkunde und der Fachbereich Orthopädie. Krankenhäuser mit einer Schwerpunktversorgung umfassen noch weitere Fachabteilungen wie Pädiatrie und Neurologie. Krankenhäuser der Maximalversorgung bieten das größte Leistungsangebot mit Behandlungen schwerer und seltener Erkrankungen. Zu Krankenhäusern der Maximalversorgung zählen häufig Universitätskliniken.[7]

Die häufigste im Rahmen der Befragung teilnehmende Versorgungsstufe ist die Regelversorgung (39,1 %). Gefolgt von der Schwerpunktversorgung mit 26,1 %. Krankenhäuser der Maximalversorgung waren mit 18,8 % und Krankenhäuser der Grundversorgung mit 7,2 % vertreten (Tabelle 8.3).

---

[7] Vgl. Bundesministerium für Gesundheit (2019), S. 17 f.

Frage 4: Handelt es sich um ein Krankenhaus der vollstationären oder teilstationären Behandlung?

Tab. 8.4 Behandlungsart des Krankenhauses. (Quelle: SPSS-Auswertung, Eigene Darstellung)

Behandlungsart

		Häufigkeit	Prozent	Gültige Prozente	Kumulierte Prozente
Gültig	Vollstationär	48	69,6	69,6	69,6
	Vollstationär und Teilstationär	21	30,4	30,4	100,0
	Gesamt	69	100,0	100,0	

Die meisten Krankenhäuser, die in der Befragung eingeschlossen waren, sind Krankenhäuser der vollstationären Versorgung (69,6 %). 30,4 % gaben an, eine sowohl teilstationäre als auch vollstationäre Behandlung durchzuführen. Einrichtungen, die nur eine teilstationäre Behandlung anbieten, waren in der Befragung nicht vertreten (Tabelle 8.4).

8.1.2 Daten zum Qualitätsmanagement und internen Audits

Frage 5: Ist Ihr Qualitätsmanagement nach DIN EN ISO 9001:2015 zertifiziert?

Tab. 8.5 Zertifizierung nach DIN EN ISO 9001:2015. (Quelle: SPSS-Auswertung, Eigene Darstellung)

Zertifizierung DIN EN ISO 9001:2015

		Häufigkeit	Prozent	Gültige Prozente	Kumulierte Prozente
Gültig	Ja	36	52,2	52,2	52,2
	Nein	33	47,8	47,8	100,0
	Gesamt	69	100,0	100,0	

Rund die Hälfte der befragten Krankenhäuser ist nach DIN EN ISO 9001:2015 zertifiziert (52,2 %). Demnach gaben 47,8 % an, zum Zeitpunkt der Befragung keine DIN EN ISO 9001:2015 Zertifizierung zu haben (Tabelle 8.5).

Frage 6: Gibt es im Qualitätsmanagement eine QM-Kostenstelle?

Tab. 8.6   QM-Kostenstelle. (Quelle: SPSS-Auswertung, Eigene Darstellung)

QM-Kostenstelle

		Häufigkeit	Prozent	Gültige Prozente	Kumulierte Prozente
Gültig	Ja	57	82,6	82,6	82,6
	Nein	12	17,4	17,4	100,0
	Gesamt	69	100,0	100,0	

Im Bereich der Finanzierung gaben 82,6 % an, in ihrem Qualitätsmanagement eine QM-Kostenstelle zu haben. Dagegen weisen 17,4 % keine QM-Kostenstelle auf (Tabelle 8.6).

Frage 7: Werden im Rahmen des Qualitätsmanagements regelmäßig interne Audits durchgeführt?

Tab. 8.7   Regelmäßige interne Audits. (Quelle: SPSS-Auswertung, Eigene Darstellung)

Regelmäßige interne Audits

		Häufigkeit	Prozent	Gültige Prozente	Kumulierte Prozente
Gültig	Ja	68	98,6	98,6	98,6
	Nein	1	1,4	1,4	100,0
	Gesamt	69	100,0	100,0	

Nahezu alle der befragten Qualitätsmanagementbeauftragten (98,6 %) gaben an, in ihren Krankenhäusern im Rahmen des Qualitätsmanagements regelmäßige interne Audits durchzuführen. Lediglich ein befragtes Krankenhaus (1,4 %) führt keine regelmäßigen internen Audits durch. Dieses Ergebnis spricht dafür, dass regelmäßige interne Audits und deren Prüfprozesse fester Bestandteil des Qualitätsmanagements sind (Tabelle 8.7).

Frage 8: Wenn ja, welche Art von Audits wird durchgeführt?

Tab. 8.8   Auditart. (Quelle: SPSS-Auswertung, Eigene Darstellung)

Auditart

		Häufigkeit	Prozent	Gültige Prozente	Kumulierte Prozente
Gültig	"Klassische Konformitätsaudits" mit langfristigen reaktiven Planungsprozessen zur Routinekontrolle	30	43,5	43,5	43,5
	"Agile Audits" mit kurzfristigen proaktiven und flexiblen Auditplanungsprozessen	17	24,6	24,6	68,1
	Andere Audits (Textfeld)	11	15,9	15,9	84,1
	Keine Audits	1	1,4	1,4	85,5
	Beide Auditarten	10	14,5	14,5	100,0
	Gesamt	69	100,0	100,0	

Um herauszufinden, wie der aktuelle Stand der Integration von agilen Audits im Qualitätsmanagement ist, wurden Daten zur jeweiligen durchgeführten Auditart erhoben. Die Differenzierung erfolgte dabei in klassische Konformitätsaudits und agile Audits. In der Befragung wurden klassische Konformitätsaudits durch langfristige reaktive Planungsprozesse zur Routinekontrolle von agilen Audits mit kurzfristigen proaktiven flexiblen Planungsprozessen unterschieden.

Es zeigt sich, dass klassische Konformitätsaudits deutlich häufiger (43,5 %) im Vergleich zu agilen Audits (24,6 %) durchgeführt werden. 14,5 % gaben an, eine Kombination aus klassischen und agilen Audits zu praktizieren. Darüber hinaus gaben 15,9 % an, eine andere Art von Audits durchzuführen. Zu diesen Audits zählen interne klinische Risikoaudits, Audits im Rahmen von Zertifizierungen, bereichsspezifische interne Audits nach unterschiedlichen Regelwerken/ Normen und nur Audits auf Anfrage, Audits im Rahmen von Zertifizierungen, Audits zur Wirksamkeitsprüfung, Prozess- und Dokumentenaudits, Layered Process Audits, Stresstests im Vorfeld von MD-Prüfungen und zu GBA-Beschlüssen, Mortalitäts- und Morbiditätskonferenzen, Transfusionsaudits, System- und Prozessaudits, Mikro-Audits zur Ergänzung von regelhaft geforderten Audits sowie anlassbezogene Audits (Tabelle 8.8).

Frage 9: Wie viele Mitarbeiter arbeiten in Ihrem Qualitätsmanagement-Team?
(Anzahl in Vollzeitkräften, VK)

Tab. 8.9 Anzahl Mitarbeiter im QM (Anzahl in Vollkräften, VK). (Quelle: SPSS-Auswertung, Eigene Darstellung)

Anzahl Mitarbeiter im QM (Anzahl in Vollkräften, VK)

		Häufigkeit	Prozent	Gültige Prozente	Kumulierte Prozente
Gültig	< 1 VK	17	24,6	24,6	24,6
	< 3 VK	35	50,7	50,7	75,4
	> 3 VK	17	24,6	24,6	100,0
	Gesamt	69	100,0	100,0	

Die Daten zur Mitarbeiteranzahl im Qualitätsmanagement werden im Rahmen dieser Befragung in Vollzeitkräften (VK) angegeben. Dabei erfolgt die Staffelung von < 1 VK, < 3 VK bis > 3 VK. Die Hälfte der Krankenhäuser arbeiten mit weniger als drei Vollzeitkräften im Qualitätsmanagement. Jeweils 17 Krankenhäuser arbeiten mit weniger als einer Vollzeitkraft und mit mehr als drei Vollzeitkräften. Die Mehrheit der Krankenhäuser weist eine Personalbelegung von weniger als drei Vollzeitkräften auf. Die Anzahl der Mitarbeiter im Qualitätsmanagement lässt sich im Allgemeinen auf die Größe des Krankenhauses und deren Bettenanzahl zurückführen (Tabelle 8.9).

Frage 10: Wie bewerten Sie Ihren internen Auditprozess?

Tab. 8.10 Bewertung Auditprozess. (Quelle: SPSS-Auswertung, Eigene Darstellung)

Bewertung Auditprozess

		Häufigkeit	Prozent	Gültige Prozente	Kumulierte Prozente
Gültig	Sehr gut	7	10,1	10,1	10,1
	Gut	39	56,5	56,5	66,7
	Mittelmäßig	21	30,4	30,4	97,1
	Schlecht	1	1,4	1,4	98,6
	Keine Angabe	1	1,4	1,4	100,0
	Gesamt	69	100,0	100,0	

Die Befragung ergab, dass lediglich 10,1 % ihren internen Auditprozess sehr gut bewerten. 56,5 % bewerten ihre Audits gut. Dagegen bewerten 30,4 % den Auditprozess mittelmäßig (Tabelle 8.10).

Frage 11: Wie viel Zeit wird in der Regel für die Planung Ihrer internen Audits aufgebracht? (Angabe in Tagen)

Tab. 8.11   Zeitaufwand Planung. (Quelle: SPSS-Auswertung, Eigene Darstellung)

Wie viel Zeit wird in der Regel für die Planung Ihrer internen Audits aufgebracht? (Angabe in Tagen)

		Häufigkeit	Prozent	Gültige Prozente	Kumulierte Prozente
Gültig	,00	3	4,3	4,3	4,3
	,20	1	1,4	1,4	5,8
	,25	1	1,4	1,4	7,2
	,50	5	7,2	7,2	14,5
	1,00	12	17,4	17,4	31,9
	2,00	21	30,4	30,4	62,3
	3,00	7	10,1	10,1	72,5
	4,00	2	2,9	2,9	75,4
	5,00	4	5,8	5,8	81,2
	6,00	2	2,9	2,9	84,1
	8,00	1	1,4	1,4	85,5
	10,00	5	7,2	7,2	92,8
	15,00	1	1,4	1,4	94,2
	20,00	2	2,9	2,9	97,1
	23,00	1	1,4	1,4	98,6
	25,00	1	1,4	1,4	100,0
	Gesamt	69	100,0	100,0	

Die benötigte Zeit zur Durchführung der Audits in Tagen wurde im Fragebogen für die Planung, Durchführung und den Abschluss der Audits jeweils separat erfasst. Die Angabe erfolgte dabei ohne vorgegebene Abstufung, sondern als offene Frage.

Für die Planung der internen Audits beträgt die Zeit zwischen Null und 25 Tage. Im Durchschnitt wird für die Planung interner Audits vier Tage gebraucht. Die meisten Krankenhäuser gaben an, zwei Tage für die Planung ihrer internen Audits zu brauchen (30,4 %). Erwähnenswert sind die Angaben zur Planung der Audits, die mehr als zehn Tage beanspruchen. Dabei handelt es sich um 15, 20, 23 und 25 Tage. Hierbei kann man von Ausreißern sprechen, da sich der Großteil der Vorbereitungszeit auf Null bis zehn Tage erstreckt (Tabelle 8.11).

Frage 12: Wie viel Zeit wird in der Regel für die Durchführung Ihrer internen Audits aufgebracht? (Angabe in Tagen)

Tab. 8.12 Zeitaufwand Durchführung. (Quelle: SPSS-Auswertung, Eigene Darstellung)

Wie viel Zeit wird in der Regel für die Durchführung Ihrer internen Audits aufgebracht? (Angabe in Tagen)

		Häufigkeit	Prozent	Gültige Prozente	Kumulierte Prozente
Gültig	,00	3	4,3	4,3	4,3
	,20	1	1,4	1,4	5,8
	,25	2	2,9	2,9	8,7
	,50	3	4,3	4,3	13,0
	1,00	18	26,1	26,1	39,1
	2,00	5	7,2	7,2	46,4
	3,00	4	5,8	5,8	52,2
	4,00	2	2,9	2,9	55,1
	5,00	10	14,5	14,5	69,6
	6,00	1	1,4	1,4	71,0
	10,00	2	2,9	2,9	73,9
	12,00	2	2,9	2,9	76,8
	14,00	1	1,4	1,4	78,3
	15,00	1	1,4	1,4	79,7
	18,00	1	1,4	1,4	81,2
	20,00	7	10,1	10,1	91,3
	24,00	1	1,4	1,4	92,8
	25,00	1	1,4	1,4	94,2
	30,00	1	1,4	1,4	95,7
	35,00	1	1,4	1,4	97,1
	40,00	1	1,4	1,4	98,6
	50,00	1	1,4	1,4	100,0
	Gesamt	69	100,0	100,0	

Die Zeit für die Auditdurchführung beträgt zwischen Null und 50 Tage. Der Großteil der Befragten gab an, die Audits innerhalb eines Tages durchzuführen (26,1 %). Auch in der Durchführungszeit interner Audits sind Ausreißer zu erkennen, die ab einer Angabe von 24 Tagen beginnen. Darin eingeschlossen sind darüber hinaus 25, 30, 35, 40 und 50 Tage. Diese Angaben wurden jeweils nur von einer befragten Person gemacht. Die durchschnittliche Durchführungszeit interner Audits beträgt nach Angaben der Krankenhäuser 7,8 Tage (Tabelle 8.12).

Frage 13: Wie viel Zeit wird in der Regel für den Abschluss Ihrer internen Audits aufgebracht? (Angabe in Tagen)

Tab. 8.13 Zeitaufwand Abschluss. (Quelle: SPSS-Auswertung, Eigene Darstellung)

Wie viel Zeit wird in der Regel für den Abschluss Ihrer internen Audits aufgebracht? (Angabe in Tagen)

		Häufigkeit	Prozent	Gültige Prozente	Kumulierte Prozente
Gültig	,00	4	5,8	5,8	5,8
	,10	1	1,4	1,4	7,2
	,25	1	1,4	1,4	8,7
	,50	6	8,7	8,7	17,4
	1,00	15	21,7	21,7	39,1
	2,00	16	23,2	23,2	62,3
	3,00	5	7,2	7,2	69,6
	4,00	2	2,9	2,9	72,5
	5,00	6	8,7	8,7	81,2
	7,00	1	1,4	1,4	82,6
	8,00	1	1,4	1,4	84,1
	10,00	2	2,9	2,9	87,0
	12,00	1	1,4	1,4	88,4
	14,00	1	1,4	1,4	89,9
	15,00	3	4,3	4,3	94,2
	20,00	1	1,4	1,4	95,7
	25,00	1	1,4	1,4	97,1
	40,00	1	1,4	1,4	98,6
	60,00	1	1,4	1,4	100,0
	Gesamt	69	100,0	100,0	

Die Zeitspanne für den Abschluss interner Audits weist Ähnlichkeiten zur Zeit der Durchführung auf. Hier wurde der zeitliche Rahmen von 0 bis 60 Tage angegeben. Die meisten gaben an, den Abschluss an einem (21,7 %) oder zwei Tagen (23,2 %) durchzuführen. Ausreißer lassen sich ebenfalls in der Zeitangabe bezüglich des Auditabschlusses feststellen. Jeweils eine befragte Einrichtung gab an, für den Abschluss interner Audits 20, 25, 40 oder 60 Tage zu benötigen. Der Durchschnitt des Abschlusses interner Audits beträgt fünf Tage (Tabelle 8.13).

Frage 14: Setzen Sie Kennzahlen zur Messung Ihrer internen Auditperformance ein? (z. B. zur Messung von Effizienz und Effektivität)

Tab. 8.14 Anwendung von Kennzahlen. (Quelle: SPSS-Auswertung, Eigene Darstellung)

Kennzahlen zur Messung der Auditperformance

		Häufigkeit	Prozent	Gültige Prozente	Kumulierte Prozente
Gültig	Ja	18	26,1	26,1	26,1
	Nein	43	62,3	62,3	88,4
	Keine Angabe	8	11,6	11,6	100,0
	Gesamt	69	100,0	100,0	

Kennzahlen bilden eine wichtige Grundlage zur Messung der Auditperformance. Dabei lassen sich, wie in Abschnitt 5.3 beschrieben, unterschiedliche Kennzahlen für Audits anwenden. Allerdings ist die Nutzung von Kennzahlen in der befragten Stichprobe sehr gering. Nur 26,1 % der Befragten wenden im Auditprozess Kennzahlen an, der Großteil (62,3 %) dagegen nicht. 11,6 % der Befragten machten diesbezüglich keine Angaben (Tabelle 8.14).

Frage 15: Wenn ja, welche Kennzahlen sind das zur Messung der Auditperformance?

Tab. 8.15 Kategoriensystem Kennzahlen. (Quelle: SPSS-Auswertung, Eigene Darstellung)

Umsetzungsquote	– Wie viele Maßnahmen wurden umgesetzt – Umsetzungsquote empfohlener Maßnahmen – Anzahl der geplanten/durchgeführten Audits, Anzahl der abgeleiteten/noch offenen Maßnahmen – Geplante Anzahl mit der absolvierten Anzahl – Anzahl der im Jahr durchgeführten Audits – Anzahl abgeleitete Maßnahmen – Umsetzungsstand von Voraudits – Prozentsatz durchgeführter Audits gemäß Plan – Bearbeitungsstatus und Bearbeitungsdauer – Umsetzungsgrad
Einhaltung von Vorgaben	– Einhaltung von internen Verfahrensanweisungen (VA) oder gesetzlichen Vorgaben – Anzahl bestimmter Messgrößen – Einhaltung des erstellten Auditplans im Jahr – Kontrolle der vereinbarten Maßnahmen – Anzahl der Empfehlungen pro Abteilung – Anforderungskonformität der Audits: Min.: keine Abweichungen; Max.: 10 Auditfeststellungen, Hinweise, Empfehlungen)
Risiko	– Diverse Risikokennziffern – Komplikationsraten – Anzahl auffälliger Indikatoren
Sonstiges	– Hinweise – Longitudinale Vergleiche – Wartezeiten – Rate der Nebenabweichungen – Häufung nach Themenbereichen und Verantwortlichen – Rate von Abweichungen – Umgesetzte Verbesserungen

Falls Kennzahlen im Qualitätsmanagement eingesetzt werden, wurden die Befragten gebeten, die Art der genutzten Kennzahlen in Form eines offenen Frageformats einzutragen. Die Antworten der offenen Frage wurden zunächst anhand einer tabellarischen Übersicht in SPSS dargestellt. Auf Grundlage dieser Übersicht wurde ein Kategoriensystem entwickelt, in welches die vorliegenden Antworten eingeordnet wurden. Aus den vorliegenden Antworten ergeben sich

folgende vier Kennzahlenkategorien: Umsetzungsquote, Einhaltung von Vorgaben, Risiko sowie sonstige Kennzahlen, die keiner Kategorie zugeordnet werden
(Tabelle 8.15).

Die angegebenen Kennzahlen bezüglich der Umsetzungsquote interner Audits
beziehen sich insbesondere auf die Beschreibung und Messung der abgeleiteten Audits und durchgeführten sowie offenen Maßnahmen. Weitere Kennzahlen
wurden zur Einhaltung von Vorgaben genannt. Dabei geht es primär um die
Einhaltung gesetzlicher Vorgaben, Standard Operating Procedures (SOP) oder
vereinbarter Maßnahmen und Empfehlungen. Kennzahlen mit Bezug auf Risiken
beinhalten u. a. auffällige Indikatoren und Komplikationsraten, die auf Risiken
hinweisen. Weitere Kennzahlen, die im Rahmen der quantitativen Befragung
genannt wurden und keiner Kategorie zugeordnet wurden, beziehen sich z. B.
auf Wartezeiten oder auf die Rate der Nebenabweichungen.

Frage 16: Wie wird Ihre Auditperformance bewertet?

Tab. 8.16 Bewertung Auditperformance. (Quelle: SPSS-Auswertung, Eigene Darstellung)

Bewertung Auditperformance

		Häufigkeit	Prozent	Gültige Prozente	Kumulierte Prozente
Gültig	Sehr gut	9	13,0	13,0	13,0
	Gut	28	40,6	40,6	53,6
	Mittelmäßig	9	13,0	13,0	66,7
	Keine Angabe	23	33,3	33,3	100,0
	Gesamt	69	100,0	100,0	

Die Bewertung der Auditperformance zielt darauf ab, die Auditleistung zu
bewerten. Im Rahmen der Umfrage bewerten lediglich 13 % der Befragten ihre
interne Auditperformance als sehr gut. Dagegen bewerten 40,6 % die Auditleistung als gut. Ebenfalls 13 % stufen die Performance nur als mittelmäßig ein.
Demnach machten 33,3 % keine Angabe zu dieser Frage (Tabelle 8.16).

Frage 17: Werden alle geplanten internen Audits abgeschlossen?

Tab. 8.17 Anzahl abgeschlossener Audits. (Quelle: SPSS-Auswertung, Eigene Darstellung)

Abgeschlossene Audits

		Häufigkeit	Prozent	Gültige Prozente	Kumulierte Prozente
Gültig	Ja	43	62,3	62,3	62,3
	Nein	23	33,3	33,3	95,7
	Keine Angabe	3	4,3	4,3	100,0
	Gesamt	69	100,0	100,0	

Abgeschlossene Audits sind in der Regel ein Indiz dafür, dass eine gute Planung den Audits vorausgeht. 62,3 % der Krankenhäuser schließen ihre geplanten internen Audits ab. Dagegen werden in 33,3 % der Fälle die internen Audits vorzeitig abgebrochen. Die Gründe für einen Abbruch können vielseitig sein, häufig sind es unzureichende zeitliche oder personelle Kapazitäten oder eine unzureichende Auditplanung. Die genauen Gründe wurden in diesem Fragebogen nicht erfasst (Tabelle 8.17).

Frage 18: Wie bewerten Sie die Qualität der Ergebnisse Ihrer internen Audits?

Tab. 8.18 Bewertung Ergebnisqualität. (Quelle: SPSS-Auswertung, Eigene Darstellung)

Bewertung Ergebnisqualität

		Häufigkeit	Prozent	Gültige Prozente	Kumulierte Prozente
Gültig	Sehr gut	13	18,8	18,8	18,8
	Gut	47	68,1	68,1	87,0
	Mittelmäßig	7	10,1	10,1	97,1
	Keine Angabe	2	2,9	2,9	100,0
	Gesamt	69	100,0	100,0	

Die Ergebnisqualität der Audits wird zu 18,8 % sehr gut eingestuft. 68,1 % gaben eine gute Ergebnisqualität an. Nur 10,1 % bewerten die Ergebnisqualität ihrer internen Audits mittelmäßig. 2,9 % beantworteten diese Frage nicht (Tabelle 8.18).

Frage 19: Wird eine Verfahrensanweisung für die Planung, Durchführung und Abschluss des Audits eingesetzt?

Tab. 8.19 Einsatz von Verfahrensanweisungen. (Quelle: SPSS-Auswertung, Eigene Darstellung)

Verfahrensanweisung

		Häufigkeit	Prozent	Gültige Prozente	Kumulierte Prozente
Gültig	Ja	63	91,3	91,3	91,3
	Nein	4	5,8	5,8	97,1
	Keine Angabe	2	2,9	2,9	100,0
	Gesamt	69	100,0	100,0	

Verfahrensanweisungen werden auch Prozessbeschreibungen oder Standard Operating Procedure (SOP) genannt und dienen dazu, die Abläufe unterschiedlicher Prozesse festzulegen und Aufgaben separat zu dokumentieren. Damit sind Verfahrensanweisungen ein wichtiger Bestandteil des Auditprozesses im Qualitätsmanagement.[8] Fast alle der befragten Krankenhäuser verfügen im Rahmen ihrer Audits über eine Verfahrensanweisung (91,3 %). Lediglich 5,8 % verfolgen keine Verfahrensanweisung im Auditprozess und 2,9 % äußerten sich dazu nicht (Tabelle 8.19).

Frage 20: Wie bedeutsam sind Auditrisiken (z. B. Personalausfall, Ressourcenknappheit) in Ihrem internen Audit?

Tab. 8.20 Bedeutung von Auditrisiken. (Quelle: SPSS-Auswertung, Eigene Darstellung)

Bedeutung Auditrisiken

		Häufigkeit	Prozent	Gültige Prozente	Kumulierte Prozente
Gültig	Sehr	35	50,7	50,7	50,7
	Wenig	27	39,1	39,1	89,9
	Gar nicht	4	5,8	5,8	95,7
	Keine Angabe	3	4,3	4,3	100,0
	Gesamt	69	100,0	100,0	

---

[8] Vgl. Johner Institut (2023), o. S.

Im Bereich der Auditrisiken wurde abgefragt, wie bedeutsam diese Risiken für die jeweiligen Qualitätsmanagementbeauftragten sind. Darunter fallen u. a. Personalausfälle oder Ressourcenknappheit. Dabei ist es wichtig, Auditrisiken zu identifizieren und in der Planung, Durchführung und im Abschluss der Audits zu berücksichtigen und gegebenenfalls auf diese Risiken zu reagieren.

Die Bedeutung von Auditrisiken wird in der Befragung am häufigsten als hoch angegeben (50,7 %). 39,1 % stufen die Bedeutung von Auditrisken als wenig ein, 5,8 % geben an, dass Auditrisiken in ihrem Qualitätsmanagement keine Bedeutung haben, 4,3 % machten dazu keine Angabe (Tabelle 8.20).

Frage 21: Werden Risikoaudits mit durchgeführt?

Tab. 8.21   Durchführung von Risikoaudits. (Quelle: SPSS-Auswertung, Eigene Darstellung)

Risikoaudits

		Häufigkeit	Prozent	Gültige Prozente	Kumulierte Prozente
Gültig	Ja	54	78,3	78,3	78,3
	Nein	11	15,9	15,9	94,2
	Keine Angabe	4	5,8	5,8	100,0
	Gesamt	69	100,0	100,0	

Unter einem Risikoaudit wird „ein Audit im Rahmen des klinischen Risikomanagements, das relevante Risiken mit Auswirkungen auf die Patientensicherheit in Organisation, Prozessen und Tätigkeiten sowie Infrastruktur identifiziert"[9] verstanden.

Unter den befragten Krankenhäusern führen 78,3 % Risikoaudits zusätzlich durch. Diese Quote spricht dafür, dass Risiken im Rahmen der Prozesse berücksichtigt werden. Nur 15,9 % führen im Rahmen ihrer internen Audits keine Risikoaudits mit durch, 5,8 % machten keine Angaben zu dieser Frage (Tabelle 8.21).

---

[9] Gesellschaft für Qualitätsmanagement in der Gesundheitsversorgung e. V. (2017), S. 2.

Frage 22: Wie effizient schätzen Sie Ihre internen Audits ein?

Tab. 8.22 Effizienz interner Audits. (Quelle: SPSS-Auswertung, Eigene Darstellung)

Effizienz der Audits

		Häufigkeit	Prozent	Gültige Prozente	Kumulierte Prozente
Gültig	Sehr	21	30,4	30,4	30,4
	Mittelmäßig	45	65,2	65,2	95,7
	Keine Angabe	3	4,3	4,3	100,0
	Gesamt	69	100,0	100,0	

Die Effizienz von Audits bildet ebenfalls eine zentrale Grundlage im Rahmen dieser Arbeit, um die Forschungsfragen zu beantworten. Nur 30,4 % der Befragten bewerten ihre internen Audits als sehr effizient. Dagegen wird die Effizienz zu 65,2 % nur als mittelmäßig eingestuft. Dennoch wurde von keinem Befragten die Effizienz mit „schlecht" bewertet (Tabelle 8.22).

Frage 23: Wie effektiv schätzen Sie Ihre internen Audits ein?

Tab. 8.23 Effektivität interner Audits. (Quelle: SPSS-Auswertung, Eigene Darstellung)

Effektivität der Audits

		Häufigkeit	Prozent	Gültige Prozente	Kumulierte Prozente
Gültig	Sehr	24	34,8	34,8	34,8
	Mittelmäßig	42	60,9	60,9	95,7
	Keine Angabe	3	4,3	4,3	100,0
	Gesamt	69	100,0	100,0	

Wie auch bei der Bewertung der Effizienz, fällt die Bewertung der Effektivität von internen Audits bei den Befragten im mittleren Bereich aus. 60,9 % bewerten die Effektivität der Audits mittelmäßig, nur 34,8 % gaben eine sehr gute Effizienz an. 4,3 % machten keine Angabe und auch bei dieser Frage wurde von keinem Befragten die Antwortmöglichkeit „schlecht" gewählt (Tabelle 8.23).

Frage 24: Wie zufrieden sind Sie im Allgemeinen mit Ihren internen Audits?

Tab. 8.24 Zufriedenheit mit internen Audits. (Quelle: SPSS-Auswertung, Eigene Darstellung)

Zufriedenheit

		Häufigkeit	Prozent	Gültige Prozente	Kumulierte Prozente
Gültig	Sehr	23	33,3	33,3	33,3
	Mittelmäßig	43	62,3	62,3	95,7
	Gar nicht	1	1,4	1,4	97,1
	Keine Angabe	2	2,9	2,9	100,0
	Gesamt	69	100,0	100,0	

Die Abfrage nach der allgemeinen Zufriedenheit mit internen Audits fällt ebenfalls mittelmäßig aus. Nur 33,3 % sind mit ihren Audits grundsätzlich sehr zufrieden. 62,3 % der Befragten weisen eine mittlere Zufriedenheit mit ihren internen Audits auf. Ein Teilnehmender bewertet die Zufriedenheit mit „gar nicht". Zwei Teilnehmer (2,9 %) machten keine Angaben. Auch hier zeigt sich, dass durch diverse Änderungen versucht werden muss, die Effektivität von Audits zu steigern (Tabelle 8.24).

Frage 25: Wie zufrieden ist Ihr Auftraggeber (z. B. Geschäftsführung) mit Ihren internen Audits?

Tab. 8.25 Zufriedenheit der Auftraggeber. (Quelle: SPSS-Auswertung, Eigene Darstellung)

Zufriedenheit Auftraggeber

		Häufigkeit	Prozent	Gültige Prozente	Kumulierte Prozente
Gültig	Sehr	41	59,4	59,4	59,4
	Mittelmäßig	14	20,3	20,3	79,7
	Keine Angabe	14	20,3	20,3	100,0
	Gesamt	69	100,0	100,0	

Neben der Zufriedenheit der Qualitätsmanagementbeauftragten wurde auch die Zufriedenheit der Auftraggeber (z. B. Geschäftsführung) bezüglich Audits gemessen. 59,4 % bewerten die Zufriedenheit der Auftraggeber hoch. Jeweils 20,3 %

bewerten die Zufriedenheit mittelmäßig oder machten keine Angabe zu dieser
Frage (Tabelle 8.25).

Frage 26: Wie würden Sie Ihre internen Audits noch weiter verbessern?
Die quantitative Befragung wurde mit einer offenen Frage zu individuellen Verbesserungsvorschlägen interner Audits abgeschlossen. Dadurch soll ermittelt werden, welche Aspekte zukünftig im gesamten internen Auditprozess berücksichtigt
und optimiert werden sollen. Die Frage bezüglich Verbesserungspotenziale wurde
im Fragebogen bewusst als offene Frage konzipiert, um ausführlichere Informationen und Begründungen der Teilnehmenden zu erhalten. Die Antworten
der offenen Frage wurden zunächst anhand einer tabellarischen Übersicht in
SPSS dargestellt. Auf Grundlage dieser Übersicht wurde ein Kategoriensystem
entwickelt, in welches die vorliegenden Antworten eingeordnet wurden. Die
vollständige Tabelle kann dem Anhang 6 des elektronischen Zusatzmaterials ent-
nommen werden (Tabelle 5).[10] Aus den vorliegenden Antworten ergeben sich
folgende sechs Kategorien:

1. Führungskräfte
2. Digitalisierung
3. Zeitliche Faktoren
4. Personal
5. Auditprozessverbesserung/-optimierung
6. Interdisziplinarität

Im Folgenden werden die wichtigsten genannten Verbesserungsansätze zusammengefasst. Im Bereich der Führungskräfte wird primär mehr Unterstützung und
Zusammenarbeit mit der obersten Leitung gewünscht. Dies soll insbesondere bei
der Planung, Durchführung und Auswertung sowie bei den Auditergebnissen und
Terminverschiebungen erfolgen. Auch im Bereich der Digitalisierung sind zahlreiche Verbesserungen zur Erleichterung des gesamten Auditprozesses gewünscht.
Dabei geht es vor allem um geeignete Softwarelösungen, die eine leichtere Dokumentation und einen besseren Überblick über die Audits ermöglichen. Dadurch
soll die Maßnahmenverfolgung effektiver gestaltet werden. Darüber hinaus sollte
mehr Zeit für die Planung, Durchführung sowie Nachbereitung von Audits zur
Verfügung stehen, da die Zeit meist der limitierende Faktor im Auditprozess darstellt. Im Personalbereich wird vor allem mehr Personal gewünscht, um einen

---

[10] Elektronisches Zusatzmaterial: Die elektronische Version dieses Kapitels enthält Zusatzmaterial, das berechtigten Benutzern zur Verfügung steht.

regelhaften Einsatz von Auditoren zu gewährleisten. Zusätzlich sind eine erhöhte Mitarbeitermotivation sowie regelmäßige Schulungen und Weiterbildungen der internen Auditoren wünschenswert. Der größte Verbesserungsbedarf wird im allgemeinen Auditprozess gesehen. Dabei geht es vor allem um die Optimierung der Auditfragen und Maßnahmennachverfolgung. Interne Audits sollten häufiger durchgeführt werden, um alle Abteilungen mehrfach zu auditieren. Darüber hinaus ist es wichtig, thematische Schwerpunkte zu setzen und die nötigen Ressourcen bereitzustellen. Als weitere wichtige Verbesserungsvorschläge wurden u. a. ebenfalls flexiblere Auditprozesse, effektivere Abarbeitung abgeleiteter Maßnahmen, häufigere Peer-Verfahren und keine festen Auditpläne genannt. Die letzte Kategorie der Verbesserungsansätze bildet die Interdisziplinarität. Es ist wichtig, zukünftig mehr Informationen über das Qualitätsmanagement an die Mitarbeiter weiterzugeben und diese stärker in den Prozess miteinzubeziehen. Für effektivere Auditergebnisse ist die interprofessionelle Besetzung des Auditteams ausschlaggebend, um die Ergebnisse auf den jeweiligen Bereich direkt anwenden zu können. Zusätzlich zu den hier aufgeführten Aspekten wird ein weiterer Aspekt in den Interviewleitfaden aufgenommen, der sich aus dieser offenen Frage zu Verbesserungsansätzen ergibt. Auf die Kategorien Führungskräfte, Zeitfaktor, Personal, Auditverbesserung und Interdisziplinarität des entwickelten Kategoriensystems wurde bereits durch die Fragen des Fragebogens Bezug genommen. Demnach wurde nur die Kategorie der interdisziplinären Zusammenarbeit als eigenständige Kategorie zusätzlich in den Interviewleitfaden aufgenommen.

8.1.3 Zusammenfassung

Die Ergebnisse zeigen, dass in vielen der genannten Bereiche der Ansatz zur Optimierung besteht, um die Abläufe der Audits und dadurch die Prozess-, Struktur- und Ergebnisqualität zu verbessern. Diese Aspekte für einen verbesserten internen Auditprozess dienen dazu, um in Bezug auf die Kernziele des Strukturwandels hinsichtlich des Qualitätsmanagements die bestmögliche Patientensicherung und -versorgung zu gewährleisten.

Durch die nachfolgende Ergebnisdarstellung kann die quantitative Forschungsfrage *„Welche wesentlichen Verbesserungsansätze bezüglich interner Audits im Qualitätsmanagement der Krankenhäuser lassen sich identifizieren?"* beantwortet werden.

Die Ergebnisse zeigen, dass 10,1 % und 56,6 % der Befragten den Auditprozess mit „sehr gut" bzw. „gut" bewerten, dennoch liegt mit 30,4 % eine mittelmäßige Bewertung vor. Folglich wird im weiteren Verlauf der Arbeit an diesem Aspekt angesetzt, um die maßgeblichen Gründe einer mittelmäßigen Auditbewertung zu erforschen.

In der quantitativen Befragung gab mehr als die Hälfte der Befragten an, keine Kennzahlen im Rahmen der Audits zu nutzen. Nachgehend wird den Gründen für die geringe Kennzahlenanwendung zur Messung der internen Auditperformance im Qualitätsmanagement nachgegangen.

Die Ergebnisse zeigen, dass der Zeitaufwand für die Planung, Durchführung und die Auswertung interner Audits von einigen Befragten als zu hoch bewertet wurde. Dahingehend werden im weiteren Verlauf Maßnahmen ermittelt, die dazu beitragen, den Zeitaufwand des Auditprozesses zu verringern und diesen effizient zu gestalten.

33,3 % gaben an, ihre geplanten internen Audits in ihren Einrichtungen nicht abzuschließen. Dahingehend ist es sinnvoll, im Bereich der qualitativen Analyse herauszufinden, welche Gründe primär dazu führen, dass geplante Audits nicht abgeschlossen werden und wie dieser Herausforderung entgegengewirkt werden kann. Darüber hinaus wird erforscht, wie sich nicht abgeschlossene Audits auf das Qualitätsmanagement im Allgemeinen auswirken.

Auch den Bereich Auditrisken, worunter beispielsweise Ressourcenknappheit oder Personalausfall fallen, betrifft das Verbesserungspotenzial. In 39,1 % der Fälle spielen diese Auditrisiken keine Rolle und werden demnach nicht ausreichend beachtet, obwohl sie einen wichtigen Teil des Qualitäts- und Risikomanagements bilden. In der qualitativen Analyse wird erläutert, wie Auditrisiken bei beiden Auditarten jeweils identifiziert werden, wie sich das Auftreten von Risiken bei klassischen und agilen Audits unterscheidet und was die am häufigsten vorkommenden Risiken sind.

Zwei weitere wichtige Aspekte, die im weiteren Verlauf umfangreicher erforscht werden sollen, sind die Effizienz und Effektivität interner Audits. Beide Aspekte wurden in der Befragung jeweils zum Großteil mit 65,2 % bzw. mit 60,9 % als mittelmäßig eingestuft. Diese Ergebnisse repräsentieren, dass die Strukturen, Abläufe und Ergebnisse interner Audits nicht ausreichend effizient und effektiv sind, um eine bestmögliche Versorgungsqualität zu erreichen. Im weiteren Verlauf dieser Arbeit wird anhand der Kreuztabellen rausgefunden, welche der beiden Auditarten effizienter und effektiver ist. Im weiteren Schritt werden qualitativ die Veränderungen der Prüfprozesse durch agile Audits sowie Veränderungen und Unterschiede hinsichtlich der Effizienz und Effektivität beider Auditarten erfasst.

Die Zufriedenheit mit den durchgeführten internen Audits weist eine ähnliche mittelmäßige Bewertung wie die beiden zuvor genannten Aspekte auf. 62,2 % der Mitarbeiter bewerten ihre internen Audits mittelmäßig. Diesbezüglich wird im weiteren Verlauf zum einen herausgefunden, wie sich der Personaleinsatz in beiden Audits unterscheidet. Zum anderen wird untersucht, welche Faktoren die Zufriedenheit der Mitarbeiter mit den internen Audits beeinflussen und wie diese zukünftig gesteigert werden kann. Dabei wird im Rahmen der Interviews ebenfalls Bezug auf die Zufriedenheit der Auftraggeber, z. B. Geschäftsführung, genommen.

Die abschließende offene Frage liefert weitere wichtige Ergebnisse. Durch die hohe Anzahl an Verbesserungsvorschlägen lässt sich die Hypothese, dass im Bereich der internen Audits zum aktuellen Zeitpunkt ein großer Bedarf an Verbesserung besteht, bestätigen. Diesen Faktoren wird im Verlauf der qualitativen Analyse weiter nachgegangen, um darauf aufbauend die Potenziale und Perspektiven interner Audits zu erforschen.

8.2   Quantitative Datenanalyse: Häufigkeitstabellen

Auf Grundlage der deskriptiven Ergebnisdarstellung im vorherigen Kapitel erfolgt die Gegenüberstellung der ausgewählten Variablen in Bezug auf die Unterscheidung zwischen klassischen Konformitätsaudits und agilen Audits mithilfe von Kreuztabellen. Dadurch soll gezielter und ausführlicher auf die separate Bewertung je nach Auditart eingegangen werden, um herauszufinden, welche Auditart in welchen Bereichen das größere Potenzial aufweist. Es wird ergründet, inwiefern agile Audits das Potenzial haben, zukünftig häufiger im Qualitätsmanagement der Krankenhäuser Anwendung zu finden. Durch den zweiten Schritt der quantitativen Datenauswertung wird die Forschungsfrage *„Inwiefern unterscheiden sich die Bewertungen dieser Verbesserungsansätze in Bezug auf die Differenzierung von klassischen Konformitätsaudits und agilen Audits?"* beantwortet.

Die Variable „Auditart" ist eine konstante Variable. Die zweiten Variablen zum Vergleich wurden dabei bewusst ausgewählt, um die bedeutsamsten Aspekte klassischer Konformitätsaudits und agiler Audits im direkten Vergleich gegenüberzustellen. Die Vergleiche beschränken sich auf die Aspekte des Hauptteils des Fragebogens, da sie für die Forschungsfrage und Ergebnisauswertung maßgeblich sind. Insbesondere werden die zuvor genannten Variablen mit den größten Verbesserungspotenzialen anhand der Kreuztabellen dargestellt. Es wird Bezug auf die beiden Auditarten klassische Konformitätsaudits und agile Audits genommen. Die anderen in der Befragung erhobenen Antwortmöglichkeiten „andere Audits" oder „beide Auditarten" werden in der Gegenüberstellung tabellarisch aufgeführt, in der Interpretation allerdings außen vor gelassen, da dies für die Ergebnisauswertung nicht von zentraler Bedeutung ist.

Die Einteilung der Ergebnisse erfolgt in drei Kategorien. Zunächst werden die Ergebnisse aufgeführt, die keine bis sehr geringe Unterschiede in den Ergebnissen von klassischen Konformitätsaudits und agilen Audits aufweisen. Die zweite Kategorie beinhaltet Kreuztabellen, die bessere Ergebnisse bei klassischen Konformitätsaudits liefern. Dagegen werden bessere Ergebnisse bei agiler Auditierung in die letzte Kategorie eingeordnet.

Kategorie 1: Gleiche / ähnliche Bewertung klassischer und agiler Audits
Frage: Werden im Rahmen des Qualitätsmanagements regelmäßig interne Audits durchgeführt?

Tab. 8.26 Vergleich Auditart und regelmäßige Durchführung interner Audits. (Quelle: SPSS-Auswertung, Eigene Darstellung)

Auditart * Regelmäßige interne Audits Kreuztabelle

| | | | Regelmäßige interne Audits | | Gesamt |
			Ja	Nein	
Auditart	"Klassische Konformitätsaudits" mit langfristigen reaktiven Planungsprozessen zur Routinekontrolle	Anzahl	30	0	30
		% von Auditart	100,0%	0,0%	100,0%
	"Agile Audits" mit kurzfristigen proaktiven und flexiblen Auditplanungsprozessen	Anzahl	17	0	17
		% von Auditart	100,0%	0,0%	100,0%
	Andere Audits (Textfeld)	Anzahl	11	0	11
		% von Auditart	100,0%	0,0%	100,0%
	Keine Audits	Anzahl	0	1	1
		% von Auditart	0,0%	100,0%	100,0%
	Beide Auditarten	Anzahl	10	0	10
		% von Auditart	100,0%	0,0%	100,0%
Gesamt		Anzahl	68	1	69
		% von Auditart	98,6%	1,4%	100,0%

Nahezu alle der an der Befragung teilnehmenden Kliniken führen interne Audits durch. Die Tabelle zeigt, wie bereits zuvor aufgeführt, dass lediglich eine Einrichtung keine regelmäßige Auditierung durchführt. Demnach werden Kliniken mit klassischen Audits und Kliniken mit agilen Audits gleichermaßen bewertet (100 %) (Tabelle 8.26).

Frage: Werden alle geplanten internen Audits abgeschlossen?

Tab. 8.27 Vergleich Auditart und Anzahl abgeschlossener Audits. (Quelle: SPSS-Auswertung, Eigene Darstellung)

Auditart * Abgeschlossene Audits Kreuztabelle

| | | | Abgeschlossene Audits | | | |
			Ja	Nein	Keine Angabe	Gesamt
Auditart	"Klassische Konformitätsaudits" mit langfristigen reaktiven Planungsprozessen zur Routinekontrolle	Anzahl	19	11	0	30
		% von Auditart	63,3%	36,7%	0,0%	100,0%
	"Agile Audits" mit kurzfristigen proaktiven und flexiblen Auditplanungsprozessen	Anzahl	11	6	0	17
		% von Auditart	64,7%	35,3%	0,0%	100,0%
	Andere Audits (Textfeld)	Anzahl	9	1	1	11
		% von Auditart	81,8%	9,1%	9,1%	100,0%
	Keine Audits	Anzahl	0	0	1	1
		% von Auditart	0,0%	0,0%	100,0%	100,0%
	Beide Auditarten	Anzahl	4	5	1	10
		% von Auditart	40,0%	50,0%	10,0%	100,0%
Gesamt		Anzahl	43	23	3	69
		% von Auditart	62,3%	33,3%	4,3%	100,0%

Die Tabelle zeigt, dass sowohl bei klassischen Konformitätsaudits als auch bei agilen Audits keine wesentlichen Unterschiede bezüglich abgeschlossener Audits existieren. Dennoch ist ersichtlich, dass beide Auditarten mit 36,7 % und 35,5 % eine verhältnismäßig hohe Quote nicht abgeschlossener Audits aufweisen. Die Gründe dafür, dass geplante Audits nicht vollständig abgeschlossen werden, sind vielfältig und wurden im Rahmen der Befragung nicht erfasst.

Im Rahmen der qualitativen Datenerhebung wird nochmals Bezug auf nicht abgeschlossene Audits genommen. Es werden Daten erhoben, welche Faktoren am häufigsten dazu führen, dass Audits nicht abgeschlossen werden und welche Auswirkungen dies auf das Qualitätsmanagement hat (Tabelle 8.27).

Frage: Wie bewerten Sie die Qualität der Ergebnisse Ihrer internen Audits?

Tab. 8.28 Vergleich Auditart und Bewertung der Ergebnisqualität. (Quelle: SPSS-Auswertung, Eigene Darstellung)

Auditart * Bewertung Ergebnisqualität Kreuztabelle

| | | | \multicolumn{4}{c}{Bewertung Ergebnisqualität} | |
			Sehr gut	Gut	Mittelmäßig	Keine Angabe	Gesamt
Auditart	"Klassische Konformitätsaudits" mit langfristigen reaktiven Planungsprozessen zur Routinekontrolle	Anzahl	5	21	4	0	30
		% von Auditart	16,7%	70,0%	13,3%	0,0%	100,0%
	"Agile Audits" mit kurzfristigen proaktiven und flexiblen Auditplanungsprozessen	Anzahl	3	12	1	1	17
		% von Auditart	17,6%	70,6%	5,9%	5,9%	100,0%
	Andere Audits (Textfeld)	Anzahl	3	7	1	0	11
		% von Auditart	27,3%	63,6%	9,1%	0,0%	100,0%
	Keine Audits	Anzahl	0	0	0	1	1
		% von Auditart	0,0%	0,0%	0,0%	100,0%	100,0%
	Beide Auditarten	Anzahl	2	7	1	0	10
		% von Auditart	20,0%	70,0%	10,0%	0,0%	100,0%
Gesamt		Anzahl	13	47	7	2	69
		% von Auditart	18,8%	68,1%	10,1%	2,9%	100,0%

Die Ergebnisqualität der Audits wird in Bezug auf beide Auditarten nahezu gleichermaßen bewertet. Die Tabelle zeigt, dass sich die Bewertung der Ergebnisqualität zwischen sehr gut und gut beläuft. 16,7 % im Bereich der klassischen Audits und 17,6 % im Bereich agiler Audits bewerten die Ergebnisqualität als sehr gut. Der Großteil gibt eine gute Ergebnisqualität mit 70 % bei beiden Auditarten an. Die mittelmäßige Bewertung der Ergebnisqualität beläuft sich auf ausschließlich 13,3 % bei klassischen und auf 5,9 % bei agilen Audits (Tabelle 8.28).

Frage: Wird eine Verfahrensanweisung für die Planung, Durchführung und Abschluss des Audits eingesetzt?

Tab. 8.29 Vergleich Auditart und Einsatz von Verfahrensanweisungen. (Quelle: SPSS-Auswertung, Eigene Darstellung)

Auditart * Verfahrensanweisung Kreuztabelle

			Ja	Nein	Keine Angabe	Gesamt
Auditart	"Klassische Konformitätsaudits" mit langfristigen reaktiven Planungsprozessen zur Routinekontrolle	Anzahl	27	3	0	30
		% von Auditart	90,0%	10,0%	0,0%	100,0%
	"Agile Audits" mit kurzfristigen proaktiven und flexiblen Auditplanungsprozessen	Anzahl	16	1	0	17
		% von Auditart	94,1%	5,9%	0,0%	100,0%
	Andere Audits (Textfeld)	Anzahl	11	0	0	11
		% von Auditart	100,0%	0,0%	0,0%	100,0%
	Keine Audits	Anzahl	0	0	1	1
		% von Auditart	0,0%	0,0%	100,0%	100,0%
	Beide Auditarten	Anzahl	9	0	1	10
		% von Auditart	90,0%	0,0%	10,0%	100,0%
Gesamt		Anzahl	63	4	2	69
		% von Auditart	91,3%	5,8%	2,9%	100,0%

Auch die Gegenüberstellung beider Auditarten im Hinblick auf das Vorliegen einer Verfahrensanweisung zeigt ähnliche Ergebnisse. Wie auch in Abschnitt 8.1.1 dargestellt, liegt den meisten Krankenhäusern im Qualitätsmanagement eine Verfahrensanweisung zur Durchführung interner Audits vor.

Bei agilen Audits liegt lediglich einem befragten Krankenhaus keine Verfahrensanweisung vor, was einer Quote von 5,9 % entspricht. Somit liegen in 94,1 % der Fälle Anweisungen bezüglich des Verfahrens vor. Bei klassischen Audits dagegen liegen bei 10 % der Befragten keine Verfahrensanweisung vor, in 90 % der Fälle dennoch schon (Tabelle 8.29).

Kategorie 2: Bessere Bewertung der klassischen Konformitätsaudits
Frage: Setzen Sie Kennzahlen zur Messung Ihrer internen Auditperformance
ein? (z. B. zur Messung von Effizienz und Effektivität)

Tab. 8.30 Vergleich Auditart und Einsatz von Kennzahlen. (Quelle: SPSS-Auswertung,
Eigene Darstellung)

Auditart * Kennzahlen zur Messung der Auditperformance Kreuztabelle

| | | | Kennzahlen zur Messung der Auditperformance | | | |
			Ja	Nein	Keine Angabe	Gesamt
Auditart	"Klassische Konformitätsaudits" mit langfristigen reaktiven Planungsprozessen zur Routinekontrolle	Anzahl	10	19	1	30
		% von Auditart	33,3%	63,3%	3,3%	100,0%
	"Agile Audits" mit kurzfristigen proaktiven und flexiblen Auditplanungsprozessen	Anzahl	3	12	2	17
		% von Auditart	17,6%	70,6%	11,8%	100,0%
	Andere Audits (Textfeld)	Anzahl	3	6	2	11
		% von Auditart	27,3%	54,5%	18,2%	100,0%
	Keine Audits	Anzahl	0	0	1	1
		% von Auditart	0,0%	0,0%	100,0%	100,0%
	Beide Auditarten	Anzahl	2	6	2	10
		% von Auditart	20,0%	60,0%	20,0%	100,0%
Gesamt		Anzahl	18	43	8	69
		% von Auditart	26,1%	62,3%	11,6%	100,0%

Für die Messung der jeweiligen Auditperformance werden bei klassischen
Konformitätsaudits häufiger Kennzahlen verwendet (33,3 %). Bei agilen Audits
liegen die Ergebnisse bei 17,6 %. Allgemein lassen die vorliegenden Ergebnisse
darauf schließen, dass die Nutzung von Kennzahlen bei jeglicher Art von Audits
bisher nicht ausreichend Anwendung findet (Tabelle 8.30).

Frage: Gibt es im Qualitätsmanagement eine QM-Kostenstelle?

Tab. 8.31   Vergleich Auditart und QM-Kostenstelle. (Quelle: SPSS-Auswertung, Eigene Darstellung)

Auditart * QM-Kostenstelle Kreuztabelle

			QM-Kostenstelle		Gesamt
			Ja	Nein	
Auditart	"Klassische Konformitätsaudits" mit langfristigen reaktiven Planungsprozessen zur Routinekontrolle	Anzahl	27	3	30
		% von Auditart	90,0%	10,0%	100,0%
	"Agile Audits" mit kurzfristigen proaktiven und flexiblen Auditplanungsprozessen	Anzahl	10	7	17
		% von Auditart	58,8%	41,2%	100,0%
	Andere Audits (Textfeld)	Anzahl	9	2	11
		% von Auditart	81,8%	18,2%	100,0%
	Keine Audits	Anzahl	1	0	1
		% von Auditart	100,0%	0,0%	100,0%
	Beide Auditarten	Anzahl	10	0	10
		% von Auditart	100,0%	0,0%	100,0%
Gesamt		Anzahl	57	12	69
		% von Auditart	82,6%	17,4%	100,0%

Bei der Erfassung einer Qualitätsmanagement-Kostenstelle wird deutlich, dass im Rahmen von klassischen Konformitätsaudits häufiger QM-Kostenstellen vorliegen (90 %) als bei agilen Audits (58,8 %). Demnach liegt bei klassischen Konformitätsaudits nur bei 10 % der befragten Krankenhäuser keine QM-Kostenstelle vor, wohingegen 41,2 % im Rahmen von agilen Audits keine QM-Kostenstelle haben (Tabelle 8.31).

*Frage: Wie bedeutsam sind Auditrisiken (z. B. Personalausfall, Ressourcenknapp-
heit) in Ihrem internen Audit?*

Tab. 8.32 Vergleich Auditart und Bedeutung von Auditrisiken. (Quelle: SPSS-Auswertung,
Eigene Darstellung)

Auditart * Bedeutung Auditrisiken Kreuztabelle

			Sehr	Wenig	Gar nicht	Keine Angabe	Gesamt
Auditart	"Klassische Konformitätsaudits" mit langfristigen reaktiven Planungsprozessen zur Routinekontrolle	Anzahl	17	10	2	1	30
		% von Auditart	56,7%	33,3%	6,7%	3,3%	100,0%
	"Agile Audits" mit kurzfristigen proaktiven und flexiblen Auditplanungsprozessen	Anzahl	6	9	2	0	17
		% von Auditart	35,3%	52,9%	11,8%	0,0%	100,0%
	Andere Audits (Textfeld)	Anzahl	6	5	0	0	11
		% von Auditart	54,5%	45,5%	0,0%	0,0%	100,0%
	Keine Audits	Anzahl	0	0	0	1	1
		% von Auditart	0,0%	0,0%	0,0%	100,0%	100,0%
	Beide Auditarten	Anzahl	6	3	0	1	10
		% von Auditart	60,0%	30,0%	0,0%	10,0%	100,0%
Gesamt		Anzahl	35	27	4	3	69
		% von Auditart	50,7%	39,1%	5,8%	4,3%	100,0%

Die Ergebnisse zeigen, dass Auditrisiken in der Durchführung von klassischen
Konformitätsaudits sehr bedeutsam sind und stark berücksichtigt werden, wohingegen die Bedeutung dieser Risiken bei agilen Audits geringer ist. 56,7 % der
Befragten gaben bei klassischen Audits eine große Bedeutsamkeit an, bei agilen
Audits liegen die Ergebnisse mit 35,3 % bei circa der Hälfte. 33,3 % gaben an,
dass Auditrisiken in ihrem internen klassischen Audit wenig bedeutsam sind, bei
agilen Audits liegt dieser Wert bei 52,9 % (Tabelle 8.32).

Kategorie 3: Bessere Bewertung der agilen Audits
Frage: Wie bewerten Sie Ihren internen Auditprozess?

Tab. 8.33 Vergleich Auditart und Bewertung Auditprozess. (Quelle: SPSS-Auswertung, Eigene Darstellung)

Auditart * Bewertung Auditprozess Kreuztabelle

			Bewertung Auditprozess					
			Sehr gut	Gut	Mittelmäßig	Schlecht	Keine Angabe	Gesam
Auditart	"Klassische Konformitätsaudits" mit langfristigen reaktiven Planungsprozessen zur Routinekontrolle	Anzahl	4	14	12	0	0	
		% von Auditart	13,3%	46,7%	40,0%	0,0%	0,0%	100,0
	"Agile Audits" mit kurzfristigen proaktiven und flexiblen Auditplanungsprozessen	Anzahl	1	12	4	0	0	1
		% von Auditart	5,9%	70,6%	23,5%	0,0%	0,0%	100,0
	Andere Audits (Textfeld)	Anzahl	2	6	3	0	0	1
		% von Auditart	18,2%	54,5%	27,3%	0,0%	0,0%	100,0
	Keine Audits	Anzahl	0	0	0	0	1	
		% von Auditart	0,0%	0,0%	0,0%	0,0%	100,0%	100,0
	Beide Auditarten	Anzahl	0	7	2	1	0	1
		% von Auditart	0,0%	70,0%	20,0%	10,0%	0,0%	100,0
Gesamt		Anzahl	7	39	21	1	1	(
		% von Auditart	10,1%	56,5%	30,4%	1,4%	1,4%	100,0

Die Gegenüberstellung der Auditart und die jeweilige Bewertung des Auditprozesses bilden einen zentralen Aspekt für den Vergleich von klassischen Konformitätsaudits und agilen Audits. Die Ergebnisse zeigen, dass agile Audits einer besseren Bewertung unterliegen. Zwar ist die Bewertung in der Kategorie „sehr gut" bei klassischen Audits höher, dennoch bewerten die meisten Befragten die Auditprozesse als „gut". Dabei gaben 70,6 % der Befragten mit agilen Audits eine gute Bewertung an, wohingegen 46,7 % der klassischen Audits ihren Auditprozess gut bewerten. Mittelmäßig wurden die Prozesse im Bereich agiler Audits von nur 23,5 % und bei klassischen Audits von 40 % bewertet (Tabelle 8.33).

Frage: Wie effizient schätzen Sie Ihre internen Audits ein?

Tab. 8.34 Vergleich Auditart und Effizienz interner Audits. (Quelle: SPSS-Auswertung, Eigene Darstellung)

Auditart * Effizienz der Audits Kreuztabelle

			Effizienz der Audits			
			Sehr	Mittelmäßig	Keine Angabe	Gesamt
Auditart	"Klassische Konformitätsaudits" mit langfristigen reaktiven Planungsprozessen zur Routinekontrolle	Anzahl	6	24	0	30
		% von Auditart	20,0%	80,0%	0,0%	100,0%
	"Agile Audits" mit kurzfristigen proaktiven und flexiblen Auditplanungsprozessen	Anzahl	5	12	0	17
		% von Auditart	29,4%	70,6%	0,0%	100,0%
	Andere Audits (Textfeld)	Anzahl	7	4	0	11
		% von Auditart	63,6%	36,4%	0,0%	100,0%
	Keine Audits	Anzahl	0	0	1	1
		% von Auditart	0,0%	0,0%	100,0%	100,0%
	Beide Auditarten	Anzahl	3	5	2	10
		% von Auditart	30,0%	50,0%	20,0%	100,0%
Gesamt		Anzahl	21	45	3	69
		% von Auditart	30,4%	65,2%	4,3%	100,0%

Einen weiteren wichtigen Aspekt stellt die Effizienz des gesamten Auditprozesses dar. Erwähnenswert ist, dass beide Auditarten durchschnittlich lediglich eine mittelmäßige Bewertung erzielen. Nur 20 % der Befragten im Rahmen der klassischen Konformitätsaudits und 29,4 % der agilen Audits bewerten ihren Auditprozess als sehr effizient. Gar nicht effizient wurde weder bei klassischen noch bei agilen Audits angegeben. Dennoch bewerten 80 % der Krankenhäuser, die klassische Audits durchführen, die Effizienz der Audits als mittelmäßig. Bei den agilen Audits beläuft es sich auf 70,6 % (Tabelle 8.34).

Frage: Wie effektiv schätzen Sie Ihre internen Audits ein?

Tab. 8.35   Vergleich Auditart und Effektivität interner Audits. (Quelle: SPSS Auswertung, Eigene Darstellung)

Auditart * Effektivität der Audits Kreuztabelle

			Effektivität der Audits			
			Sehr	Mittelmäßig	Keine Angabe	Gesamt
Auditart	"Klassische Konformitätsaudits" mit langfristigen reaktiven Planungsprozessen zur Routinekontrolle	Anzahl	9	21	0	30
		% von Auditart	30,0%	70,0%	0,0%	100,0%
	"Agile Audits" mit kurzfristigen proaktiven und flexiblen Auditplanungsprozessen	Anzahl	7	10	0	17
		% von Auditart	41,2%	58,8%	0,0%	100,0%
	Andere Audits (Textfeld)	Anzahl	4	6	1	11
		% von Auditart	36,4%	54,5%	9,1%	100,0%
	Keine Audits	Anzahl	0	0	1	1
		% von Auditart	0,0%	0,0%	100,0%	100,0%
	Beide Auditarten	Anzahl	4	5	1	10
		% von Auditart	40,0%	50,0%	10,0%	100,0%
Gesamt		Anzahl	24	42	3	69
		% von Auditart	34,8%	60,9%	4,3%	100,0%

Im Bereich Effektivität der Audits verhält sich die Bewertung ähnlich zu der Bewertung der Effizienz. Auch hier werden die Audits im Rahmen der agilen Auditierung effektiver eingestuft als bei klassischen Konformitätsaudits. Dies zeigen die Ergebnisse der vorliegenden Tabelle. Nur 30 % der Befragten von klassischen Audits gaben an, die Effektivität ihrer Audits mit sehr gut zu bewerten. Bei agilen Audits dagegen wird die Effektivität zu rund 41 % als sehr gut bezeichnet. Der Großteil der Befragten, die klassische Konformitätsaudits durchführen, gaben eine mittelmäßige Effektivität des Auditprozesses an (70 %). Im Bereich der agilen Audits liegt die mittelmäßige Bewertung ebenfalls höher als die sehr gute Bewertung, allerdings liegt diese im Vergleich zu klassischen Audits nur bei 58,8 %. Auch bezüglich der Effektivität hat keine der befragten Personen eine schlechte Bewertung abgegeben (Tabelle 8.35).

Frage: Werden Risikoaudits mit durchgeführt?

Tab. 8.36 Vergleich Auditart und Durchführung Risikoaudits. (Quelle: SPSS-Auswertung, Eigene Darstellung)

Auditart * Risikoaudits Kreuztabelle

			Risikoaudits			Gesamt
			Ja	Nein	Keine Angabe	
Auditart	"Klassische Konformitätsaudits" mit langfristigen reaktiven Planungsprozessen zur Routinekontrolle	Anzahl	21	7	2	30
		% von Auditart	70,0%	23,3%	6,7%	100,0%
	"Agile Audits" mit kurzfristigen proaktiven und flexiblen Auditplanungsprozessen	Anzahl	14	2	1	17
		% von Auditart	82,4%	11,8%	5,9%	100,0%
	Andere Audits (Textfeld)	Anzahl	9	1	1	11
		% von Auditart	81,8%	9,1%	9,1%	100,0%
	Keine Audits	Anzahl	0	1	0	1
		% von Auditart	0,0%	100,0%	0,0%	100,0%
	Beide Auditarten	Anzahl	10	0	0	10
		% von Auditart	100,0%	0,0%	0,0%	100,0%
Gesamt		Anzahl	54	11	4	69
		% von Auditart	78,3%	15,9%	5,8%	100,0%

Risikoaudits werden im Bereich der agilen Auditierung deutlich häufiger in den Auditprozess miteinbezogen (82,4 %). Bei den klassischen Konformitätsaudits erfolgt die Berücksichtigung von Risikoaudits zu 70 %. Dementsprechend führen nur 11,8 % im Bereich der agilen Audits keine Risikoaudits durch, 5,9 % machten zu dieser Frage keine Angabe. Bei den klassischen Konformitätsaudits ergibt sich eine Quote von entsprechend 23,3 %, die keine Risikoaudits durchführen. Hierbei machten 6,7 % keine Angabe (Tabelle 8.36).

Frage: Wie zufrieden sind Sie im Allgemeinen mit Ihren internen Audits?

Tab. 8.37   Vergleich Auditart und Zufriedenheit mit internen Audits. (Quelle: SPSS-Auswertung, Eigene Darstellung)

Auditart * Zufriedenheit Kreuztabelle

			Zufriedenheit				Gesamt
			Sehr	Mittelmäßig	Gar nicht	Keine Angabe	
Auditart	"Klassische Konformitätsaudits" mit langfristigen reaktiven Planungsprozessen zur Routinekontrolle	Anzahl	7	22	0	1	30
		% von Auditart	23,3%	73,3%	0,0%	3,3%	100,0%
	"Agile Audits" mit kurzfristigen proaktiven und flexiblen Auditplanungsprozessen	Anzahl	7	10	0	0	17
		% von Auditart	41,2%	58,8%	0,0%	0,0%	100,0%
	Andere Audits (Textfeld)	Anzahl	6	5	0	0	11
		% von Auditart	54,5%	45,5%	0,0%	0,0%	100,0%
	Keine Audits	Anzahl	0	0	0	1	1
		% von Auditart	0,0%	0,0%	0,0%	100,0%	100,0%
	Beide Auditarten	Anzahl	3	6	1	0	10
		% von Auditart	30,0%	60,0%	10,0%	0,0%	100,0%
Gesamt		Anzahl	23	43	1	2	69
		% von Auditart	33,3%	62,3%	1,4%	2,9%	100,0%

Die vorliegende Tabelle macht Angaben zur allgemeinen Zufriedenheit der Qualitätsmanagementbeauftragten hinsichtlich interner Audits. Es ist deutlich, dass die Zufriedenheit überwiegt, wenn agile Audits durchgeführt werden (41,2 %). Lediglich rund die Hälfte der Krankenhäuser, die klassische Audits durchführen, sind sehr zufrieden mit ihren Auditprozessen (23,3 %). Dennoch zeigen die Ergebnisse, dass die allgemeine Zufriedenheit mit internen Audits, unabhängig der Auditart, im mittelmäßigen Bereich liegen. Jedoch ist ersichtlich, dass auch bei der mittelmäßigen Bewertung die Ergebnisse der beiden Audit-arten deutlich auseinander liegen. Während die mittelmäßige Zufriedenheit bei klassischen Konformitätsaudits bei 73,3 % liegt, belaufen sich die Ergebnisse bei agilen Audits auf 58,8 %. Daraus lässt sich ableiten, dass agile Audits in Bezug auf die allgemeine Zufriedenheit mit den durchgeführten Audits besser abschneiden (Tabelle 8.37).

Frage: Wie zufrieden ist Ihr Auftraggeber (z. B. Geschäftsführung) mit Ihren internen Audits?

Tab. 8.38   Vergleich Auditart und Zufriedenheit Auftraggeber. (Quelle: SPSS-Auswertung, Eigene Darstellung)

Auditart * Zufriedenheit Auftraggeber Kreuztabelle

			Zufriedenheit Auftraggeber			Gesamt
			Sehr	Mittelmäßig	Keine Angabe	
Auditart	"Klassische Konformitätsaudits" mit langfristigen reaktiven Planungsprozessen zur Routinekontrolle	Anzahl	14	7	9	30
		% von Auditart	46,7%	23,3%	30,0%	100,0%
	"Agile Audits" mit kurzfristigen proaktiven und flexiblen Auditplanungsprozessen	Anzahl	13	3	1	17
		% von Auditart	76,5%	17,6%	5,9%	100,0%
	Andere Audits (Textfeld)	Anzahl	8	2	1	11
		% von Auditart	72,7%	18,2%	9,1%	100,0%
	Keine Audits	Anzahl	0	0	1	1
		% von Auditart	0,0%	0,0%	100,0%	100,0%
	Beide Auditarten	Anzahl	6	2	2	10
		% von Auditart	60,0%	20,0%	20,0%	100,0%
Gesamt		Anzahl	41	14	14	69
		% von Auditart	59,4%	20,3%	20,3%	100,0%

Auch die Zufriedenheit der Auftraggeber (z. B. Geschäftsführung)zeigt deutliche Unterschiede in den Ergebnissen. Zunächst wird deutlich, dass die Zufriedenheit der Auftraggeber mit den Auditprozessen im Allgemeinen deutlich besser ausfällt als die Zufriedenheit der befragten Qualitätsmanagementbeauftragten selbst. Dieses Ergebnis wurde bereits in der vorausgegangenen Ergebnisdarstellung anhand der Häufigkeitstabellen erzielt. Bei dieser Frage gaben 46,7 % der QMBs, die klassische Konformitätsaudits durchführen, an, dass ihre Auftraggeber sehr zufrieden mit den Auditprozessen sind. Im Bereich der agilen Auditierung ist die Zufriedenheit der Auftraggeber mit 76,5 % wesentlich höher. 30 % im Bereich der klassischen Audits machten zu dieser Frage keine Angabe, bei agilen Audits liegt der Anteil bei nur 5,9 %. Dementsprechend liegt die mittelmäßige Bewertung bei klassischen Audits bei 23,3 % und bei agilen Audits bei 17,6 % (Tabelle 8.38).

Frage: Wie viel Zeit wird in der Regel für die Planung, Durchführung und Abschluss Ihrer internen Audits aufgebracht? (Angabe in Tagen)

Planung

Tab. 8.39 Vergleich Auditart und Zeitaufwand Planung. (Quelle: SPSS-Auswertung, Eigene Darstellung)

Angabe in Tagen	Klassische Audits	Agile Audits
0.0	0 %	11,8 %
0,2	3,3 %	0 %
0,5	6,7 %	17,6 %
1	20 %	17,6 %
2	46,7 %	17,6 %
3	10 %	5,9 %
5	3,3 %	5,9 %
6	0 %	5,9 %
10	10 %	5,9 %
20	0 %	11,8 %

Durchführung

Tab. 8.40 Vergleich Auditart und Zeitaufwand Durchführung. (Quelle: SPSS-Auswertung, Eigene Darstellung)

Angabe in Tagen	Klassische Audits	Agile Audits
0	0 %	11,8 %
0,2	3,3 %	0 %
0,25	3,3 %	0 %
0,5	0 %	17,6 %
1	30 %	23,5 %
2	6,7 %	17,6 %
3	6,7 %	5,9 %
4	6,7 %	0 %
5	16,7 %	17,6 %
6	3,3 %	0 %
10	6,7 %	0 %

(Fortsetzung)

Tab. 8.40 (Fortsetzung)

Angabe in Tagen	Klassische Audits	Agile Audits
14	3,3 %	0 %
20	6,7 %	0 %
24	0 %	5,9 %
25	3,3 %	0 %

Abschluss

Tab. 8.41 Vergleich Auditart und Zeitaufwand Abschluss. (Quelle: SPSS-Auswertung, Eigene Darstellung)

Angabe in Tagen	Klassische Audits	Agile Audits
0	3,3 %	11,8 %
0,1	3,3 %	0 %
0,5	10 %	17,6 %
1	16,7 %	35,3 %
2	30 %	11,8 %
3	6,7 %	5,9 %
4	3,3 %	0 %
5	10 %	11,8 %
7	3,3 %	0 %
10	3,3 %	5,9 %
15	6,7 %	0 %
40	3,3 %	0 %

Zusammenfassend lässt sich anhand der Ergebnisse sagen, dass der Zeitfaktor für den gesamten Durchlauf eines Auditprozesses bei agilen Audits geringer ist als bei klassischen Konformitätsaudits. Betrachtet man die einzelnen Komponenten eines internen Auditprozesses separat, ist der Zeitaufwand für die Planung eines Audits bei klassischen Konformitätsaudits geringer. Die maximale Planungsdauer beträgt bei klassischen Audits 10 Tage und bei agilen Audits 20 Tage. Dagegen ist sowohl die Durchführung als auch der Abschluss mit der Nachbereitung der Audits bei agilen Audits zeitlich effektiver. Die Durchführung interner klassischer Audits beläuft sich auf maximal 25 Tage, bei agilen Audits liegt das Maximum durchschnittlich bei 5 Tagen, wobei es einen Ausreißer bei 24 Tagen gibt. Der Abschluss und die Nachbereitung nehmen bei klassischen Audits maximal 40 Tage ein, bei agilen Audits sind es dagegen maximal 10 Tage (Tabellen 8.39–8.41).

8.2.1   Zusammenfassung

Die Darstellung der verschiedenen abhängigen Aspekte im Hinblick auf die unabhängige Variable „Auditart" mit den relevanten Ausprägungen „klassische Konformitätsaudits" und „agile Audits" dient der übersichtlichen Veranschaulichung. Die aufgeführten Kreuztabellen zeigen, dass agile Audits in den meisten untersuchten Bereichen besser als klassische Konformitätsaudits bewertet werden, obwohl der agile Ansatz noch nicht so umfassend in den deutschen Krankenhäusern etabliert ist. Zu diesen Aspekten gehört die Bewertung des gesamten Auditprozesses, die Effizienz sowie Effektivität der internen Audits und die zusätzliche Durchführung von Risikoaudits. Darüber hinaus werden der Zeitaufwand für den Auditprozess, insbesondere die Durchführung und Abschluss sowie die allgemeine Zufriedenheit der Mitarbeiter und die Zufriedenheit der Auftraggeber besser bewertet.

Die Aspekte, die im direkten Vergleich bei klassischen Konformitätsaudits besser bewertet wurden, sind zum einen der Einsatz von Kennzahlen zur Messung der internen Auditperformance. Zum anderen wurde das Vorliegen einer Qualitätsmanagement-Kostenstelle sowie die Berücksichtigung und Bedeutsamkeit von Auditrisiken, wozu unter anderem Personalausfälle oder Ressourcenknappheit zählen, besser bewertet.

Im Hinblick auf eine ähnliche oder gleiche Bewertung durch beide Auditarten lässt sich zusammenfassend sagen, dass lediglich bei der Frage *„Werden im Rahmen des Qualitätsmanagements regelmäßig interne Audits durchgeführt?"* eine exakt gleiche Bewertung für klassische Konformitätsaudits und agile Audits vorliegt. Bei den anderen hier aufgeführten Ergebnissen hinsichtlich tatsächlich abgeschlossener Audits, Bewertung der Ergebnisqualität und das Vorliegen einer Verfahrensanweisung für interne Audits überwiegt durchweg die bessere Bewertung der internen agilen Audits, wenn auch mit einer geringen Differenz zu den Ergebnissen der klassischen Audits.

Da in dieser Arbeit das Mixed-Methods Design mit dem Vertiefungsdesign Anwendung findet und damit das Ziel verfolgt wird, die quantitativen Studienergebnisse zu vertiefen, wird auf die genannten Faktoren im nachfolgenden Kapitel zur qualitativen Ergebnisdarstellung Bezug genommen. Es werden weitere Differenzierungen zwischen klassischen und agilen Audits vorgenommen.

8.3   Ergebnisse qualitative Untersuchung

In diesem Kapitel folgt die Ergebnisdarstellung der semistrukturierten Experteninterviews mit drei Fachexperten aus dem Bereich Qualitätsmanagement. Zur
übersichtlichen Darstellung und Einordnung der qualitativen Ergebnisse erfolgte
eine qualitative Inhaltsanalyse nach Kuckartz. In diesem Zusammenhang werden
jeder Kategorie konkrete Aussagen der Experten zugeordnet und anschließend
analysiert. Die Transkription erfolgt mithilfe der Analysesoftware MAXQDA.

Im Folgenden wird die Erhebungssituation der einzelnen Interviews tabellarisch (Tabelle 8.42) dargestellt.

Tab. 8.42   Erhebungssituation Interviews. (Quelle: Eigene Darstellung)

Interviewnummer	Befragte Person	Dauer (in Minuten)
S1	Leitung Qualitätsmanagement Krankenhaus	29
S2	Leitung Geschäftsbereich Zentrales Qualitäts- und Risikomanagement im Krankenhaus	50
S3	Tätigkeit bei der Deutschen Gesellschaft für Qualität	51

8.3.1   Entwickeltes Kategoriensystem

Das Kategoriensystem bildet den Kern der qualitativen Inhaltsanalyse. Durch
das System erfolgt die notwendige Strukturierung und Systematisierung für die
Ergebnisdarstellung.[11] „Kategorien sind ein wichtiges Werkzeug zur Analyse
qualitativer Daten. Sie dienen der Klassifizierung, Reduzierung, Abstrahierung
und Bedeutungszuschreibung [...].“[12]

Das entwickelte Kategoriensystem orientiert sich an dem für die Interviews
entwickelten strukturierten Leitfaden. Die Oberkategorien wurden deduktiv aus
dem Interviewleitfaden abgeleitet. Diese Kategorien (interne Prozessperspektive,
Finanz-Perspektive, Wissens-/Innovationsperspektive und Kunden-Perspektive)
sind auf die theoretische Grundlage der Balanced Scorecard zurückzuführen.
Im Verlauf des Interviews stellte sich heraus, dass die Kombination klassischer

---

[11] Vgl. Roskam (2020), S. 158.
[12] Kuckartz & Rädiker (2020), S. 25.

Konformitätsaudits und agiler Audits unterschiedlich definiert und angewendet wird. Dadurch wurde eine notwendige induktive Ergänzung der Kategorie „Einführung" in das Kategoriensystem aufgenommen. Ebenfalls durch die induktive Vorgehensweise wurde zusätzlich die Kategorie „Abschluss" in den Leitfaden aufgenommen, um weitere relevante Informationen bezüglich des Forschungsgegenstandes zu erheben. Abschließend werden in dieser Kategorie Chancen und Herausforderungen interner Audits zusammengefasst.

Die untergeordneten Subkategorien leiten sich ebenfalls aus den Fragen des Leitfadens ab. Eine Übersicht der Haupt- und Subkategorien ist der Tabelle 8.43 zu entnehmen.

Tab. 8.43 Kategoriensystem der qualitativen Inhaltsanalyse. (Quelle: Eigene Darstellung)

Kategorie	Hauptkategorie	Subkategorie
Kategorie 1	Einführung	1.1 Kombination klassische und agile Audits
Kategorie 2	Interne Prozesse	2.1 Zeitaufwand 2.2 Bedeutung Risiken 2.3 Nicht abgeschlossene Audits
Kategorie 3	Finanzierung	3.1 Kostenoptimierung
Kategorie 4	Wissen und Innovation	4.1 Prüfprozesse 4.2 Effizienz und Effektivität 4.3 Kennzahlen
Kategorie 5	Kunden	5.1 Personaleinsatz 5.2 Mitarbeiter- und Auftraggeberzufriedenheit 5.3 Interdisziplinäre Zusammenarbeit
Kategorie 6	Abschluss	6.1 Chancen / Potenziale 6.2 Risiken / Herausforderungen 6.3 Aussichten

Für die erstellten Kategorien werden jeweils Kategoriendefinitionen festgelegt, um sie voneinander abzugrenzen.[13] Die Kategoriendefinitionen werden „[...] während des Codiervorgangs um so genannte Ankerbeispiele ergänzt, die für die Kategorie prototypische Originalaussagen der Befragten enthalten."[14] (Tabelle 8.44)

---

[13] Vgl. Kuckartz & Rädiker (2020), S. 33.
[14] Kuckartz et al. (2009), S. 81.

Tab. 8.44 Kategoriendefinitionen und Ankerbeispiele. (Quelle: Eigene Darstellung)

Kategorie	Definition	Ankerbeispiele
Kategorie 1 Einführung	Die erste Kategorie dient der Einführung in das Interview und stellt dar, wie die Anwendung beider Auditarten in den jeweiligen Einrichtungen erfolgt.	S1: „Wir haben die klassischen Audits, die wir klassisch planen. Das sind die für Zertifizierungen, weil die eben gefordert sind […]. Dass das eben auch von Zertifizierern dann überprüft wird. Und alles andere ist agil bei uns." [0:02:32.9]
Kategorie 2 Interne Prozesse	Diese Kategorie umfasst Aspekte zu internen Prozessstrukturen bezüglich des Zeitaufwandes und abgeschlossenen Audits. Es wird erläutert, wie sich diese Aspekte bei klassischen Audits und agilen Audits unterscheiden. Darüber hinaus werden die Unterschiede bezüglich Auditrisiken dargestellt.	S3: „Und jetzt kommt es auf die Problemstellung an, wie viel Zeit das Ganze auch in Anspruch nimmt." [0:04:07.3] S2: „Da gibt es keinen Unterschied zwischen agil und klassisch. Also wir machen nicht in jedem agilen Audit das Thema Risiko im Vordergrund. Es läuft aber immer im Hintergrund." [0:12:50.2]
Kategorie 3 Finanzierung	Im Rahmen dieser Kategorie werden Aspekte zur Finanzierung, insbesondere zur Kostenoptimierung, aufgeführt und Unterschiede beider Auditarten dargestellt.	S1: „Ich glaube, dass das finanziell kein Unterschied ist." [0:10:27.7] S1: „Ja so dass Kosten Nutzen da deutlich geringer ist. Hohe Kosten wenig Nutzen und bei den Agilen wenig Kosten. Also ein schnelles Audit und großer Nutzen." [0:11:16.4]
Kategorie 4 Wissen- und Innovation	Hierzu zählen Aussagen bezüglich der Unterscheidung von Effektivität und Effizienz von Audits sowie die Anwendung von Kennzahlen.	S3: „Also bei klassisch ist es ja so Agilität und nicht Agilität unterscheiden sich in der Regel durch Effizienz und Effektivität." [0:25:42.9] S3: „Die Effektivität also das ist eigentlich der Hauptgrund für uns, agile Audits durchzuführen." [0:25:42.9]

(Fortsetzung)

Tab. 8.44 (Fortsetzung)

Kategorie	Definition	Ankerbeispiele
Kategorie 5	Die Kategorie umfasst Informationen zum Personaleinsatz, Personalzufriedenheit sowie interdisziplinärer Zusammenarbeit und deren unterschiedlichen Ansätze bei klassischen und agilen Audits.	S2: „Ich habe eine sehr hohe Zufriedenheit in meinem Team." [0:36:55.9]
Kunden		S1: „Und bei agilen Audits habe ich eine kurze Vorbereitung, gehe immer alleine los bei einem agilen Audit, weil ich ja nur einen kleinen Teilprozess mir angucke." [0:18:47.7]
Kategorie 6	Diese Kategorie fasst Aspekte auf, die im Rahmen des Interviews nicht angesprochen wurden, aber dennoch relevant für die Forschung sind. Insbesondere beziehen sich die Informationen auf die Chancen und Aussichten agiler Audits im Qualitätsmanagement.	S1: „Ich finde gerade, dass kleinere Krankenhäuser damit anfangen sollten, weil es immer noch viele gibt, die nur klassische Audits machen." [0:27:06.1]
Abschluss		S3: „Für mich ist es keine Entweder – oder Sache, sondern sowohl als auch." [0:43:39.9]

Im folgenden Abschnitt werden die Ergebnisse der Experteninterviews zur Beantwortung der Forschungsfrage dargestellt. Um die Erkenntnisse zu verdeutlichen, werden treffende Interviewaussagen als direkte Zitate in die Ergebnisdarstellung eingefügt.

Kategorie 1

Einführung: Wie erfolgt in Ihrem Qualitätsmanagement die Kombination aus agilen Audits und klassischen Konformitätsaudits?
Die Einstiegsfrage dient dazu, das jeweilige Verständnis beider Auditarten durch die einzelnen Interviewpartner zu erheben und zu erforschen, auf welcher Grundlage die Kombination klassischer und agiler Audits in ihren Einrichtungen erfolgt.

Ausschlaggebend für die Differenzierung sei primär die Zertifizierung eines Audits. Bei Zertifizierungen wird durch die DIN EN ISO 9001 Norm gefordert, diese durch klassische Konformitätsaudits zu prüfen und sie im jährlichen Auditplan zu dokumentieren. Audits, die nicht zur Zertifizierung dienen, werden agil durchgeführt.

S1: „Wir haben die klassischen Audits, die wir klassisch planen. Das sind die für Zertifizierungen, weil die eben gefordert sind. Für die ISO 9001 muss man da ja sein Audit Jahresplan schreiben. Dass das eben auch von Zertifizierern dann überprüft wird. Und alles andere ist agil bei uns." [0:02:32.9]

S2: „Genau das heißt die Kombination aus agilen und Konformitätsaudits erfolgt sozusagen aus dieser Grundstruktur. Alle, die zertifiziert sind, die brauchen ja ein klassisches internes Audit, wo wir die Konformität prüfen. Akkreditiert oder zertifiziert. Das heißt, in diesen 130 zertifizierten Bereichen machen wir klassische Audits und alle anderen kriegen agile Audits" [0:00:31.2]

Zudem wird angegeben, dass agile Audits sich praktisch orientieren. Dadurch grenzen sie sich von den klassischen Konformitätsaudits ab, die anhand einer Checkliste abgearbeitet werden.

S2: „Entweder wir machen eine Hospitation sozusagen und machen das über die Beobachtung. Der erfolgt aus einem, einfach sozusagen aus einem anderen Vorgehen und nicht dieses klassische Punkt für Punkt auditieren […], sondern einfach sozusagen aus dem praktischen Anlass heraus, ist sozusagen die Agilität gegeben." [0:03:51.2]

Die Einrichtung, in der S3 beschäftigt ist, bestimmt den Einsatz der Auditart je nach Auditziel.

S3: „Das kommt drauf an, also es kommt auf das Audit an, es kommt beides aufs Auditziel an." [0:16:19.0]

Steuerungs- und Aufrechterhaltungsfrage: Werden agile Verfahren wie Scrum oder Kanban in Ihrem Qualitätsmanagement eingesetzt?

Es wird deutlich, dass agile Techniken wie Scrum oder Kanban zum aktuellen Zeitpunkt bei zwei der Befragten noch keine Anwendung im Auditprozess des Qualitätsmanagements finden.

S1: „Nein." [0:03:21.4]

S1: „Kanban sagt mir was, aber aus dem Studium weiß ich gerade nicht, was das ist und das andere habe ich noch nie gehört." [0:03:24.2]

In einer der befragten Einrichtungen besteht der Wunsch, diese agilen Verfahren in ihr Qualitätsmanagement zu etablieren.

S2: „Solche Sachen haben wir noch nicht benutzt. Wir haben schon darüber nachge-
dacht [...]." [0:03:51.2]

In einer Einrichtung wird die Scrum Methode durch das iterative Vorgehen verfolgt. Dies zeichnet sich durch die iterativen Phasen und einer schrittweisen
Annäherung an ein Problem oder Produkt aus. Des Weiteren gibt S3 an, dass
regelmäßige Feedbackschleifen durch den Prozesseigner eingeleitet werden und
dadurch Flexibilität im Prozess gegeben ist.

S3: „Bei agilen Audits geht es darum, dass wir ein Produkt für den Prozesseigner erstellen. [...] das Ganze wird wie in der Softwareentwicklung wird das iterativ
zusammen mit dem Team, mit dem Prozesseigner, mit seinen Mitarbeitern wird das
erarbeitet." [0:04:07.3]

S3: „Ja, man hat ja im Prinzip dadurch, dass man iterativ vorgeht [...]. Kriegt man
noch das Feedback von seinem Prozesseigner. Also ja, das ist die Flexibilität. Kommt
eigentlich daher, dass es nicht vorweg planen kann, sondern mich annähere an die
Problemlösung." [0:23:43.8]

Kategorie 2: Interne Prozesse

*Frage 1: Welche zeitlichen Faktoren spielen bei der Planung, Durchführung und
Abschluss von Audits die größte Rolle und wie unterscheiden sich diese Faktoren
bei klassischen und agilen Audits?*
Die Beurteilung des Zeitaufwandes für einen gesamten Auditprozess mit seiner
Planung, Durchführung und Nachbereitung bzw. Abschluss zeigt sehr unter-
schiedliche Ergebnisse. Ein Interviewteilnehmer gab an, für die Auditdurchführung eine bis drei Stunden zu investieren. Auch die Nachbereitung bzw. der
Abschluss der Audits beanspruche nicht viel Zeit. Die meiste Zeit werde von
Schulungen der Mitarbeiter oder durch die Erstellung der Auditpläne einge-
nommen. Im Falle der Vorbereitung auf eine Zertifizierung würden teilweise
vorgegebene Pläne verwendet. Andernfalls sei die Vorbereitung des internen
Audits ein großer Zeitfaktor, bis die nötigen Dokumente gesichtet und vorbereitet
sind.

S1: „Ich finde, eine Auditplanung geht relativ schnell. Man hat die großen Audits,
die man im Jahresplan eben plant, der Rest kommt agil dazu. Die Schulung, die
Auditpläne sind, finde ich, ein ganz großer Zeitfaktor. Wenn man sich auf eine Zertifizierung vorbereitet oder ähnliches, dann kann man die übernehmen. Ansonsten muss

man sich sehr lange vorbereiten [...]. Die Durchführung an sich ist ja meistens irgendwie 1–3 Stunden, wo man durchs Haus geht. Und die Nachbereitung, der Auditbericht
geht dann auch relativ zügig [...]." [0:00:34.9]

S2 gab an, in ihrem Krankenhaus die meiste Zeit in die Vorbereitung und Durchführung der Audits zu investieren. Für ein gutes Audit, unabhängig ob klassisch
oder agil, sei eine vorherige Prüfung der Dokumente ausschlaggebend.

> S2: Die meiste Zeit ist die Vorbereitung und die Durchführung an sich, weil wir nut-
> zen elektronisch. Also wir sind jetzt schon agil unterwegs [...]. (...) aber die meiste
> Zeit, wenn Sie ein gutes Audit machen wollen, das ist vollkommen egal, ist es agil
> oder Konformitätsaudits, müssen Sie sich sehr genau über den Bereich Gedanken
> machen, das heißt Dokumente prüfen." [0:05:42.8]

Je intensiver sich mit der Planung von Audits auseinandergesetzt werde, desto
weniger Zeit beanspruche die darauffolgende Durchführung. Zudem werde durch
die verwendete Audit-Software viel Zeit in der Durchführung gespart, da Fragenkataloge und Checklisten für Konformitätsaudits bereits online hinterlegt seien.
Durch die Online-Dokumentation entstehe direkt der Auditbericht, wodurch die
Nacharbeitung der Audits zum Großteil wegfalle. Durch die Audit-Software
werde eine hohe Akzeptanz aller Beteiligten erreicht.

> S2: „Wir haben eine Software dafür gekauft. (...) Das erspart uns enorm viel Zeit. Des-
> wegen können wir auch sehr viele Audits machen. Da haben wir auch Fragenkataloge
> [...]. Und wir dokumentieren die Audits sofort [...]." [0:05:42.8]

> S2: „Deswegen haben wir eine sehr hohe Akzeptanz von unseren Audits mit diesem
> Tool." [0:09:34.2]

Für die Planung der Audits würden drei bis vier Stunden, für die Durchführung eineinhalb bis zwei Stunden und für die Nachbereitung 15 bis 30 Minuten
eingeplant.

> S2: „[...] so und für die Vorbereitung brauchen wir 3 bis 4 Stunden. Wir setzen
> anderthalb Stunden bis zwei Stunden immer pro Auditdurchführung. " [0:05:42.8]

> S2: „Und Nachbereitung 15 Minuten bis halbe Stunde." [0:09:15.0]

S3 dagegen sieht ebenfalls einen Unterschied bezüglich des Zeitaufwandes zwischen klassischen und agilen Audits. Für klassische Konformitätsaudits würden,

je nach auditierten Bereich, Zeiten eingeplant, die in der Regel eingehalten werden. Bei klassischen Audits sei je ein Tag für die Planung, Durchführung und Nachbereitung der Audits eingeplant.

S3: „Also ich finde, dass die Konformitätsaudit, die lassen sich sehr gut planen und wir haben zum Beispiel einfach Zeiten, die dann für bestimmte Themen gelten. Das heißt also, wir wissen, wenn wir bestimmte Themen auditieren möchten, wie viel Zeit wir uns dafür nehmen und in der Regel kommen wir auch damit aus." [0:01:20.2]

S3: „Also wir rechnen immer damit, dass wir für einen Tag ein Audit, dass wir ungefähr noch mal einen Tag vorbereiten und einen Tag Nachbereitung haben." [0:02:39.9]

Bei agilen Audits nehme der Durchführungsteil im Vergleich zu klassischen Audits mehr Zeit in Anspruch, da die Durchführung mit einem intensiveren Prozess einhergehe. Darüber hinaus sei auch die Planung zeitintensiver, da sich mehr Gedanken um den Prozess gemacht werden müsse. Jedoch sei die Nachbereitungszeit geringer, da die Lösungen nur erarbeitet würden, diese aber nicht mehr durch die Auditoren umgesetzt würden. Diese Umsetzung sei Aufgabe des Prozesseigners.

S3: „Bei den agilen Audits ist es meistens anders, da der Durchführungsteil, das ist meine Erfahrung gewesen, dass der in der Regel deutlich intensiver ist. Dass man sich auch in der Vorbereitung mehr Gedanken machen muss und hat allerdings dann in der Nachbereitung weniger, weil wir dann sagen, da sind wir dann auch raus. Also das heißt, wir definieren noch und wir überlegen uns noch, was sind die möglichen Lösungen, Die werden erarbeitet, aber wir tracken das nicht." [0:02:58.5]

Es wird betont, dass es bei agilen Audits nicht primär um die Zeiteinsparung im Vergleich zu klassischen Audits gehe, sondern vielmehr um die Produkterstellung durch den Prozesseigner mit dem Team. Der Zeitaufwand hierbei sei nicht zu generalisieren, da es von der vorliegenden Problemstellung und dem Aufwand der Informationserhebung abhängig sei. Ausschlaggebend seien dafür die iterativen Zyklen.

S3: „Es geht nicht um Einsparen. Bei agilen Audits geht es darum, dass wir ein Produkt für den Prozesseigner erstellen. […] das Ganze wird wie in der Softwareentwicklung wird das iterativ zusammen mit dem Team, mit dem Prozesseigner, mit seinen Mitarbeitern wird das erarbeitet. Und jetzt kommt es auf die Problemstellung an, wie viel Zeit das Ganze auch in Anspruch nimmt." [0:04:07.3]

Frage 2: Wie werden Auditrisiken bei beiden Auditarten jeweils identifiziert?
Im Bereich der Auditrisiken lassen sich unterschiedliche Antworten feststellen. Dabei müssen Risiken, die sich durch das Audit ergeben und Risiken, die das Audit direkt betreffen, unterschieden werden. Das Audit betreffende Risiken sind beispielsweise Ressourcenknappheit oder Personalausfälle. Diesbezüglich werden keine Unterschiede zwischen beiden Auditarten festgestellt.

> S2: „Auditrisiken, die das Audit betreffen, also Personalauswahl oder so, da gibt es auch keinen Unterschied." [0:12:50.2]

Ein Interviewpartner erläuterte, dass es in ihrem Qualitätsmanagement keine Unterschiede zwischen klassischen und agilen Audits in der Risikoidentifizierung gibt. Dennoch komme der Relevanz von Risiken in beiden Auditarten eine unterschiedliche Bedeutung zu. Er gab an, dass agile Audits nicht primär das Ziel verfolgen, Risiken zu identifizieren. Bei klassischen Audits seien Fragen aus dem Risikomanagement dagegen ein fester Bestandteil.

> S2: „Da gibt es keinen Unterschied zwischen agil und klassisch. Also wir machen nicht in jedem agilen Audit das Thema Risiko im Vordergrund. Es läuft aber immer im Hintergrund. [...] Bei den klassischen Audits ist es so, dass da das Thema grundsätzlich da ist. Also es gibt kein klassisches Audit ohne Risikomanagementfragen [...]."
> [0:12:50.2]

Darüber hinaus würden Risiken durch das Risikomanagement in Form von Risikoaudits erfasst und bearbeitet. Dieses Risikoaudit erfolge als Mikroaudit, in dem nur ein einzelner Prozessschritt betrachtet werde. Daneben würden monatliche Risikoaudits durchgeführt. Dadurch ergebe sich ein fortlaufender Prozess aus neuen identifizierten Risiken auf der einen und abgearbeitete Risiken auf der anderen Seite.

> S1: „Das machen wir im Risikomanagement. Sobald ein Risiko aufgeploppt ist [...] starten wir zügig ein Risikoaudit. Als Mikroaudit, wo wir uns nur diesen einzelnen Prozessschritt angucken und führen das dann monatlich durch. Und dann haben wir unsere monatlichen Risikoaudits, wo immer wieder mal Risiken dazukommen und andere langsam beherrscht sind [...]." [0:03:42.2]

Ein zentraler Punkt sei darüber hinaus die direkte Maßnahmenplanung als Reaktion auf die Identifikation eines Risikos. Dabei würden alle abgeleiteten Maßnahmen detailliert im Auditbericht dokumentiert.

S1: „Am Ende eines jeden Audits habe ich verschiedene Abweichungen oder Risiken erkannt und daraus werden direkt bei uns Maßnahmen abgeleitet. Und zwar kommen die dann erstmal aus dem QM als Vorschlag rein und werden danach besprochen, ob die genauso umgesetzt werden oder abweichend umgesetzt werden, so dass wir nicht mit einem Ergebnisbericht rausgehen, wo einfach nur drinsteht, was nicht gut funktioniert hat, sondern in unserem Auditbericht steht drin direkt die Maßnahmenplanung." [0:04:44.3]

Interviewpartner 3 gab an, dass Risiken nicht durch agile Audits geprüft werden, da sie sich in ihren agilen Audits nicht mit Abweichungen des Ist-Zustandes beschäftigen.

S3: „Also wir haben uns dazu entschieden, dass wir eigentlich keine Risiken auditieren mit agilen Methoden. (…) Das heißt also, wir haben eine klare Rollentrennung, und wir sagen auch, dass es in einem agilen Audit keine Abweichungen gibt." [0:07:01.4]

Steuerungs- und Aufrechterhaltungsfrage: Was sind die häufigsten Risiken bei internen Audits?
Die genauen Risiken interner Audits wurden nur von einem Interviewpartner explizit benannt. Das größte Risiko, das im Rahmen interner Audits identifiziert werden könne, sei eine Patientengefährdung. Interviewpartner 1 erläutert, dass die häufigsten Fehler im OP-Ablauf, in der fehlerhaften Medikation oder in den Bereichen Notaufnahme und Sterilisation passieren.

S1: „Das größte Risiko ist eine Patientengefährdung. […] oft ist das Thema Medikation halt ein fehleranfälliger Prozess. Und oft auch das Thema OP-Ablauf, weil OP-Ablauf hat immer das Risiko von großen betriebswirtschaftlichen Risiken. […] und dann natürlich die klassischen Bereiche Notaufnahme, Sterilisation." [0:06:13.0]

Ein anderer Interviewpartner erläutert, dass Risiken nicht zu verallgemeinern sind und immer betrachtet werden muss, welche Auswirkungen jeweilige Risiken bezogen auf die Auftrittswahrscheinlichkeit haben.

S3: „Das ist schwierig. Also das liegt, glaube ich, am Reifegrad der Organisation. (…) aber ein Risiko ist ja immer eine Sache des Impacts. Also welche Auswirkungen hat das Ganze zur Auftrittswahrscheinlichkeit." [0:08:35.4]

Frage 3: Treten bei agilen Audits weniger Risiken auf als bei klassischen Konformitätsaudits?

Die Beurteilung, ob bei agilen Audits durch andere Prüfprozesse weniger Risiken auftreten als bei klassischen Audits, wird von zwei Interviewpartnern unterschiedlich beantwortet, ein Befragter macht dazu keine expliziten Angaben.

Zum einen wurde angegeben, dass im Auftreten von Risiken keine Unterschiede zwischen beiden Auditarten bestehen, da sie in ihrer Einrichtung im Bereich der Risiken vorwiegend nicht zwischen agilen und klassischen Audits unterscheiden.

> S2: „Genau. Keinen Unterschied." [0:15:19.5]

Durch den anderen Interviewpartner wurden klare Unterschiede im Auftreten von Risiken zwischen beiden Auditarten identifiziert. Ausschlaggebend sei demnach die feste Planung klassischer Audits und das spontane und flexible Vorgehen bei agilen Audits. Bei geplanten, klassischen Audits seien die jeweiligen Auditierten auf den Prozess und eventuelle Risiken vorbereitet. Die spontanen agilen Audits dagegen würden mehr der Realität entsprechen und durch weniger Vorbereitung folglich mehr Risiken auftreten.

> S1: „Klassische Audits sind im Jahresplan drin und jeder Mitarbeiter weiß, dass das passiert. Also es ist für mich immer ein bisschen so ein fiktives Audit. Das ist immer ein bisschen gespielt und ich habe das Gefühl, dass die Mitarbeiter sich zu sehr darauf vorbereitet haben. Und bei agilen Audits komme ich spontan und habe mehr das Gefühl, dass ich die Realität erlebe. Und dementsprechend finde ich da mehr Risiken." [0:05:30.9]

Frage 4: Welche Faktoren führen am häufigsten dazu, dass interne Audits nicht abgeschlossen werden und welche Auswirkungen hat das auf das Qualitätsmanagement?

Die Ergebnisse der Online-Befragung zeigten, dass geplante interne Audits häufig nicht abgeschlossen werden. Die Gründe dafür sind vielfältig. Primär wurde von zwei der Befragten die fehlende Disziplin der Auditoren sowie Ressourcen genannt.

> S3: „[…] Also wir selber sind nicht diszipliniert genug (…)" [0:09:51.6]

> S2: „Also erstens ist es eine Disziplinfrage. Und die Ressourcenanfrage natürlich." [0:16:10.0]

Ein Interviewpartner betont, dass in ihrem Krankenhaus alle Audits abgeschlossen werden. Ein Grund dafür sei die eigenständige Durchführung der Audits, womit eine Delegation auf andere Mitarbeiter und somit eine eventuelle Unzuverlässigkeit entfalle. Darüber hinaus seien immer Vertreter benannt, die in Ausnahmefällen die geplanten Audits übernehmen.

> S1: „Bei mir im Krankenhaus ist es so, dass ich die Audits alle durchführe und dementsprechend scheitert das schon mal nicht daran, dass das delegiert ist und andere Menschen dann vielleicht nicht die Zuverlässigkeit haben." [0:07:16.2]

> S1: „Und ich habe eine Vertretung, eine Kollegin, die die macht, wenn ich an dem Tag krank sein sollte, so dass das auch organisiert ist." [0:07:16.2]

Der gleiche Anspruch wird für agile Audits betont, die in der Einrichtung das Ziel verfolgen, schnelle Maßnahmen aus den Audits abzuleiten. In Bezug auf klassische Audits mit dem Ziel der jährlichen ISO-Zertifizierung, fehle häufig die Motivation zur vollendeten Dokumentation, wenn daraus keine Maßnahmen abgeleitet werden.

> S1: „Ja, also, wenn ich ein agiles Audit mache, dann möchte ich da auch schnell Maßnahmen rausziehen. Und dann würde ich das niemals irgendwie liegen lassen. [0:08:07.7]

> S1: „Ich kann mir vorstellen, wenn man ein klassisches Audit macht und der Zweck des Audits ist, dass man das jährliche Audit für die ISO-Zertifizierung durchgeführt hat und das der einzige Zweck ist. Hat man nachher nicht das Engagement und die Motivation, das dann schön nachzudokumentieren [...]." [0:08:38.6]

Einer der Interviewpartner stellte eine Lösung für dieses Problem mithilfe eines automatischen Trackings dar. Dabei würden vom Auditleiter entsprechende auszuführende Maßnahmen an die Auditoren zugewiesen. Diese Methodik helfe, die Disziplin der Auditoren aufrecht zu erhalten.

> S3: „Wir haben das Ganze dann einfach eingefangen, also indem wir ein automatisches Tracking eingebaut haben. Das heißt, der Auditleiter oder Auditprogrammleiter, der erfährt das Programm und weist dann jedem Auditor eine Maßnahme zu (...) und dann möchte ich ganz gerne, dass das abgearbeitet wird." [0:09:51.6]

Zwei der Befragten betonten, dass sie besonderen Wert darauf legen, ihre internen Audits nicht abzusagen, sondern lediglich auf einen anderen Termin zu verschieben. Dies sei u. a. bei geplanten Audits am Jahresende der Fall, weshalb die Audits in vielen Fällen auf das kommende Jahr übertragen würden.

S2: „Also wir sagen keins ab, sondern wir verlegen eins. [...] und je näher sie zum
Jahresende kommen, desto näher ist sozusagen die Chance aufs nächste Jahr das zu
übertragen" [0:16:10.0]

Nicht abgeschlossene Audits hätten darüber hinaus wesentliche Auswirkungen
auf das Qualitätsmanagement. Hierbei wurden primär negative Auswirkungen
genannt. Dabei spiele insbesondere die kontinuierliche Verbesserung eine Rolle.
Würden Audits nicht durchgeführt und damit die Ist-Situation nicht ermittelt,
könne kein Verbesserungsprozess innerhalb der Einrichtung stattfinden. Die Aussage eines weiteren Interviewpartners bestätigt die Aussage, indem angegeben
wurde, dass dadurch der Kontrollmechanismus verloren gehe.

S1: „Ich kann überhaupt gar keinen kontinuierlichen Verbesserungsprozess anstre-
ben. [...] Wenn ich da nicht erfahre, wie die Ist-Situation auf der Station ist oder in
dem Bereich ist, ja dann bin ich viel zu fern vom Patienten, von den Prozessen [...]."
[0:09:15.4]

S2: „Natürlich geht ein Stück weit Kontrollmechanismus dadurch verloren und das
merkt man, wenn man dann ein Jahr später kommt." [0:20:56.9]

Ein Interviewpartner ist der Meinung, dass nicht abgeschlossene Audits keine
Auswirkungen auf das Qualitätsmanagement haben. Dies sei auch den Mitarbeitern bewusst, weshalb sie Audits oft verschieben oder absagen. Darüber
hinaus würden Themen, die jedes Jahr wieder geprüft werden, in eine Routine
übergehen. Auswirkungen werden erst dann sichtbar, wenn über mehrere Jahre
bestimmte Aspekte nicht mehr geprüft werden.

S3: „Also ich persönlich glaube, es hat so gut wie keine Auswirkung. Glaube auch,
dass die Kollegen wissen, dass es keine Auswirkung hat und dass sie es deswegen
verschieben." [0:12:10.3]

S3: „[...] irgendwann geht es halt in die Routine rein und dann wissen sie das."
[0:12:10.3]

Kategorie 3: Finanzierung

***Frage 1: Welche Veränderungen ergeben sich im Bereich der Finanzierung bei
agilen Audits im Vergleich zu klassischen Konformitätsaudits?***
Die befragten Interviewpartner erläutern, dass hinsichtlich der Finanzierung der
Audits keine Veränderungen von agilen Audits zu klassischen Konformitätsaudits zu verzeichnen sind. Der Grund dafür liege primär darin, dass interne

Audits nicht eigenständig finanziert seien. Fort- und Weiterbildungen des Personals seien finanziert, wobei darin keine Unterschiede zwischen klassischen und agilen Audits zu verzeichnen seien.

> S1: „Ich glaube, dass das finanziell kein Unterschied ist." [0:10:27.7]

> S1: „Ich würde sagen nein, weil sie in dem Sinne nicht finanziert sind. Also das Qualitätsmanagement macht ja alles im kleinen Haus. Im großen Haus hat man überall Qualitäts- oder Risikobeauftragte in den einzelnen Abteilungen. Und ja, in einem großen Haus muss ich Weiterbildungen bezahlen, damit ich genug Auditoren habe. Macht dann aber ja keinen Unterschied, ob es ein klassisches oder agiles Audit ist." [0:10:02.5]

> S2: „[Unterschiede] haben wir nicht." [0:21:52.7]

Bei der Frage nach der Relation von Kosten und Nutzen werden deutliche Unterschiede angemerkt. Bei agilen Audits sei das Kosten-Nutzen Verhältnis deutlich höher als bei klassischen Konformitätsaudits. Das wird damit erläutert, dass bei agilen Audits weniger Kosten aufkommen und durch ein schnelleres Vorgehen ein größerer Nutzen erzielt werde. Bei klassischen Konformitätsaudits verhalte sich diese Relation entsprechend gegenläufig.

> S1: „Kosten Nutzen ist glaube ich deutlich höher bei den agilen Audits." [0:13:35.8]

> S1: „Ja so dass Kosten Nutzen da deutlich geringer ist. Hohe Kosten wenig Nutzen und bei den Agilen wenig Kosten. Also ein schnelles Audit und großer Nutzen." [0:11:16.4]

Darüber hinaus wird das jeweilige festgelegte Auditziel als ausschlaggebendes Kriterium angegeben. Sofern eine Kostenoptimierung als Auditziel festgelegt wird, arbeitet man im Prozess darauf hin, dieses Ziel zu erreichen. Dabei ist das Auditziel unabhängig davon zu betrachten, ob es sich um ein klassisches oder ein agiles Audit handelt.

> S3: „Das kommt drauf an, also es kommt auf das Audit an, es kommt beides aufs Auditziel an." [0:16:19.0]

> S3: „Wenn ich das Auditziel bei agilen Audits habe, Kosten einzusparen, dann hoffe ich auch, dass am Ende des Tages da rauskommt, dass Kosten eingespart werden." [0:16:25.0]

Frage 2: Inwiefern unterscheidet sich die Finanzierung zwischen klassischen Konformitätsaudits und agilen Audits hinsichtlich der Kostenoptimierung?
Durch die Ergebnisse der vorherigen Frage wird ersichtlich, dass in Bezug auf die Finanzierung nicht zwischen klassischen und agilen Audits unterschieden wird. Ein Interviewpartner gab an, dass auch in Bezug auf die Kostenoptimierung nicht zwischen beiden Auditarten unterschieden wird.

S2: „Haben wir nicht." [0:21:52.7]

Von einem weiteren Interviewpartner wurden Angaben zu Unterschieden in der Kostenoptimierung beider Auditarten gemacht. Demnach seien klassische Konformitätsaudits nicht dafür geeignet, Kosten im Rahmen der Audits einzusparen.

S3: „(...) also ich glaube, dass ganz oft Konformitätsaudits nicht dazu beitragen, Kosten einzusparen, weil es nicht das richtige Werkzeug ist, um das zu machen." [0:17:16.4]

Kategorie 4: Wissens-/Innovationsperspektive

Frage 1: Wie haben sich die Prüfprozesse agiler Audits im Vergleich zu klassischen Konformitätsaudits verändert?
Alle drei Interviewteilnehmer gaben an, dass es wesentliche Unterschiede in der Auditausführung gibt. Dabei unterscheide sich das klassische Konformitätsaudit von einem agilen Audit zum einen in der Größe des Themenbereichs. Laut S1 dienen klassische Audits der Prüfung von großen Bereichen, agile Audits würden dagegen bei Teilprozessen oder kleinen Themenbereichen durchgeführt. Bei einem agilen Audit stehe mehr die umzusetzenden Maßnahmen im Fokus. Die Aussagen verdeutlichen, dass es sinnvoll ist, beide Auditarten, je nach Themenbereich und Größe, im Qualitätsmanagement anzuwenden.

S1: „Bei einem klassischen Audit prüfe ich einen großen Bereich oder einen großen Themenbereich. Und bei einem agilen Audit gucke ich mir einen Prozess oder meistens sogar nur einen Teilprozess an, also das ist sehr minimalistisch." [0:11:50.8]

S1: „Also halt, schneller. Großer Fokus auf Maßnahmen. Ja, bei den agilen Audits." [0:12:14.9]

S1: „Ich glaube, man braucht beides. Man braucht die großen klassischen Audits, um. Um strukturell große Probleme zu erkennen. Und man braucht die agilen Audits, um kleine Prozesse zu optimieren." [0:12:32.5]

Auf der anderen Seite würden klassische oder agile Audits je nach ihrem System bzw. Anlass eingesetzt. Ein klassisches Konformitätsaudit diene zur Überprüfung des Systems. Ein agiles Audit komme anlassbezogen zum Einsatz. Interviewpartner 2 erläutert, dass bei der Durchführung, anders als bei klassischen Konformitätsaudits, keine Checklisten abgearbeitet und dokumentiert werden. Dennoch würden Checklisten für die Planung und Vorbereitung der Audits, im Hintergrund beachtet. Schlussfolgernd zeigen die Ergebnisse, dass in der Planung und Vorbereitung der Audits keine großen Unterschiede zwischen beiden Auditarten aufkommen. Der zentrale Unterschied liege in der Durchführung. Erwähnenswert ist darüber hinaus die unterschiedliche Akzeptanz durch die auditierten Abteilungen. Agile Audits würden mit einem geringeren Qualitätsmanagementfokus wahrgenommen, was die Akzeptanz deutlich erhöhe.

S2: „[…] diese klassischen Konformitätsaudits, wo sie das System überprüfen. Die agilen Audits sind bei uns immer anlassbezogen. Da steht das System nicht im Vordergrund, sondern tatsächlich. (..) Der praktische, orientierte Ansatz." [0:22:21.3]

S2: „[…] also wenn wir agile Audits machen, gehen wir das ja nicht Checkliste für Frage für Frage durch, aber die Checkliste haben wir trotzdem im Tool. Weil man sich ja Gedanken machen muss […]." [0:22:21.3]

S2: „Für die andere Seite ist es ein Unterschied und dann ist es nicht so, warum auch immer, QM lastig? Nee, dann finden Sie das immer toller." [0:22:21.3]

Ein weiterer, sehr zentraler Unterschied liege in der Vorgehensweise des Prüfprozesses. Ein agiles Audit zeichne sich durch die iterativen Phasen von den klassischen Audits ab. Dabei werde Schritt für Schritt vorgegangen und die weitere Vorgehensweise überlegt. Bei agilen Audits stehe die schrittweise Annäherung an die Problemlösung im Vordergrund. Dadurch entfalle eine starre Planung zu Beginn des Audits, wodurch eine hohe Flexibilität der Prozesse erreicht werde.

S3: „Ja, man hat ja im Prinzip dadurch, dass man iterativ vorgeht, muss man, ist man ja gezwungen, in jeder Iteration nochmal zu überlegen, ob das was richtig ist oder das, was gemacht worden ist, ob das funktioniert hat, ob das zur Lösung beigetragen hat, ob man vielleicht anders vorgehen muss. Kriegt man noch das Feedback von seinem Prozesseigner. Also ja, das ist die Flexibilität. Kommt eigentlich daher, dass es nicht vorweg planen kann, sondern mich annähere an die Problemlösung." [0:23:43.8]

Dass Zwischenschritte des Auditprozesses im agilen Audit häufiger geprüft werden, bestätigen auch die Aussagen eines weiteren Interviewpartners. Demnach stehe bei agilen Audits häufig die direkte Maßnahmenumsetzung im Mittelpunkt.

Diese werde abschließend in einem kurzen Auditbericht an die Abteilungsleitung dokumentiert.

> S1: „Dann sehe ich direkt das Problem, kann direkt mit der Pflege sprechen und kann direkt in die Maßnahmenbehebung gehen [...]. So, und dann habe ich direkt die Maßnahme schon umgesetzt während des Audits und schreibe am Ende in meinem Bericht kurze Prozentzahlen für die Abteilungsleitung." [0:14:21.7]

Bei klassischen Konformitätsaudits erstrecke sich der Auditprozess über einen längeren Zeitraum. Das liege vor allem daran, dass ein sehr ausführlicher Auditbericht erstellt werde und von allen gelesen werden sollte. Darauffolgend finde eine Sitzung statt, in der der Bericht von der Leitung des Qualitätsmanagements erneut vorgestellt werde, da laut Interviewpartner 1 der Bericht häufig nicht selbstständig gelesen wird. Auf Grundlage des Auditberichts würden Maßnahmen ausgearbeitet, die nach einer bestimmten Frist umgesetzt werden können.

> S1: „Im klassischen Audit habe ich am Ende meinen ewig langen Auditbericht [...]. Das dauert erstmal, bis alle Menschen den gelesen haben. Dann habe ich eine Sitzung, in dem ich meinen Bericht nochmal vorstelle, weil die Hälfte das ja natürlich nicht gelesen hat, weil das zu viel war. Und dann überlegen wir uns gemeinsam Maßnahmen und haben dann Fristen von mindestens einem Monat, bis die überhaupt erstmal anfangen, die Maßnahmen umzusetzen." [0:14:21.7]

Frage 2: Inwieweit lässt sich eine Steigerung der Effizienz und Effektivität der internen agilen Audits im Vergleich zu klassischen Konformitätsaudits verzeichnen?

Die Effizienz und Effektivität werden von den befragten Interviewteilnehmern unterschiedlich auf den Auditprozess bezogen, wodurch sich verschiedene Ansatzpunkte ergeben. Ein Interviewpartner fokussiert die Kosten-Nutzen Relation in Bezug auf interne Audits, um die Effizienz und Effektivität zu bewerten. Er erläutert, dass agile Audits einen höheren Kosten-Nutzen aufweisen. Das wird damit begründet, dass agile Audits in dieser Einrichtung durch einen geringeren Zeitaufwand mit einer geringeren Vorbereitung gekennzeichnet seien und dadurch der Nutzen sowie die Genauigkeit der Prozessanalyse höher seien. Durch eine schnelle Maßnahmenableitung werde ein effizienter Prozess erreicht. Bei klassischen Audits würden im Vergleich dazu längere Planungs- und Nachbesprechungsphasen durchgeführt und zudem weniger Maßnahmen aus diesem Prozess abgeleitet.

S1: „Kosten Nutzen ist glaube ich deutlich höher bei den agilen Audits." [0:13:35.8]

S1: „Beim agilen Audit habe ich weniger Aufwand, weil ich nicht so viel vorbereiten muss und habe einen hohen Nutzen. Und zwar kann diesen Prozess dann genau analysieren. Habe schnelle Maßnahmen, also sehr effizienter Prozess. Und bei einem klassischen Audit habe ich eine lange Planungsphase, wo es viele Menschen mit einbinden. Habe eine lange Nachbesprechungsphase dafür, dass ich weniger Maßnahmen ableite." [0:10:51.2]

In einer Einrichtung ergeben sich keine Unterschiede bezüglich Effizienz und Effektivität, da sie das gleiche Vorgehen für klassische und agile Audits verfolgen. Ein wichtiger Punkt sei jedoch die unterschiedliche Akzeptanz durch die auditierten Bereiche. Es zeigt sich, dass ein agiles Audit im Vergleich zu einem klassischen Audit eine deutlich höhere Akzeptanz aufweise. Das begründet sich durch eine veränderte Wahrnehmung in Bezug auf die Auditoren, da sie als kollegiale Unterstützung angesehen würden und nicht als Prüfer.

S2: „Keine Unterschiede bei unserem Vorgehen, weil das für uns ja die gleiche Systematik ist. Aber was ganz entscheidend ist, die Akzeptanz der anderen. Also die Akzeptanz des auditierten Bereiches gegenüber agilen Audits ist erheblich höher als die Akzeptanz von Konformitätsaudits." [0:25:07.0]

S2: „Ja weil sie das so empfinden, als kollegiale Beratung, als Unterstützung und nicht als ein Prüfinstrument. […] es ist eine Akzeptanz, weil wir sie über diese Durchführung und über das Thema, die einfach anders abholen." [0:25:44.3]

S2: „Aber die Effektivität und die Qualität ist bei beiden für uns die gleiche. Für das Team auch." [0:25:44.3]

Interviewpartner 3 legt den Hauptfokus bei der Unterscheidung beider Auditarten auf die Effizienz und Effektivität. Bei klassischen Konformitätsaudits stehe die möglichst schnelle Abarbeitung der Checklisten im Vordergrund, welche die Effizienz eines Audits beschreiben. Die Effektivität stelle den Hauptgrund für die Durchführung agiler Audits dar. Dies erfolge, indem die richtigen Dinge getan werden, um ein Problem oder Anliegen effektiv zu lösen. Demnach werde die Effizienz bei agilen Audits im Hintergrund betrachtet.

S3: „Also bei also klassisch ist es ja so Agilität und nicht Agilität unterscheiden sich in der Regel durch Effizienz und Effektivität. Das heißt also, wenn ich jetzt mal diese typische Checklisten Audits nehme, so ein Konformitätsaudit, dann geht es ja in der Regel darum, wie kriege ich denn jetzt diese Checkliste möglichst schnell abgearbeitet? So, das ist für mich ein Effizienzthema. [0:25:42.9]

S3: Die Effektivität also das ist eigentlich der Hauptgrund für uns, agile Audits durchzuführen. Geht es ja darum, irgendwie die richtigen Dinge zu tun. Und ich versuche
dieses Problem irgendwie effektiv, also effektiv zu lösen. Die Effizienz ist da eigentlich zweitrangig." [0:25:42.9]

**Frage 3: Inwiefern haben praxisrelevante Kennzahlen einen Einfluss auf den
Auditprozess und welche Kennzahlen werden überwiegend eingesetzt?**
Praxisrelevante Kennzahlen finden nur in einer von drei befragten Einrichtungen
Anwendung. Es wurde angegeben, als Auditor in anderen Bereichen Kennzahlen
einzusetzen, aber den eigenen internen Bereich nicht zu messen.

S1: „Also wir messen ganz viele andere Abteilungen und Prozesse, aber unsere eigenen Prozesse messen wir nicht." [0:15:52.1]

Die Einrichtung, welche Kennzahlen im internen Audit anwendet, unterscheidet
dabei nicht zwischen klassischen und agilen Audits. Sie nutzen Kennzahlen primär zur Darstellung und Messung der Relation von geplanten und durchgeführten
Audits und Maßnahmen sowie der aktuellen Wartezeit. Gute Kennzahlen dienen
nach den Aussagen des Interviewten dazu, Mitarbeitern Anerkennung und Lob
mitzuteilen.

S2: „Wir machen dann Ergebnisberichte und wir sagen, so viele haben wir geplant,
so viel haben wir durchgeführt, so viele Maßnahmen haben wir, das sind für uns ja
natürlich Kennzahlen, aber auch da vollkommen egal, Konformitätsaudit oder agiles
Audit." [0:27:57.1]

S2: „[…] sprechen wir auch viel Lob aus und sagen dann auch den Auditierten."
[0:27:57.1]

Es wird einerseits deutlich, wie relevant Kennzahlen zur Messung der Auditleistung sind, um die unzureichende Effektivität interner klassischer Audits
festzustellen. Dies wird von S1 mit einem enormen Planungs- und Arbeitsaufwand begründet, der oft in nicht abgeschlossenen Audits resultiert. Als Fazit
wird durch Interviewpartner 1 gezogen, dass klassische Audits im Qualitätsmanagement keine Anwendung mehr finden würden, da diese nicht mehr aktuell
genug sind und unzureichende Ergebnisse erbringen.

S1: „Dann würde man sehen, wie uneffektiv klassische Audits sind und dann würden
die abgeschafft werden. Da gehe ich ganz fest von aus. Das ist so ein Arbeitsaufwand
und so eine unnötige Jahresplanung, die in großen Häusern niemals umgesetzt wird,
wo dann ein Großteil nicht abgeschlossen ist." [0:16:32.6]

S1: „Was ich fest davon ausgehe, dass wenn man diese Kennzahlen im QM erheben würde, würden die klassischen Audits verlieren. Da wird man sagen, das ist halt nicht mehr up to date, das funktioniert nicht mehr." [0:16:32.6]

Andererseits werden Kennzahlen von Interviewpartner 3 als nicht hilfreich bewertet, da sie beispielsweise zur Erhebung von mehreren kleinen Korrekturmaßnahmen in klassischen Audits nicht das Ziel eines Konformitätsaudits darstellen. Dies hätte nach seinen Aussagen zur Folge, sich zu intensiv an Kleinigkeiten aufzuhalten und wichtigere Maßnahmen zu vernachlässigen. Ein weiterer Grund sei das strikte Einhalten eines geplanten zeitlichen Rahmens, um bestimmte Kennzahlen zu erfüllen. Sollten Audits diesen zeitlichen Rahmen über-schreiten, sei die Folge eine unzureichende Auseinandersetzung und Bearbeitung des Prozesses.

S3: „Das führt natürlich am Ende des Tages dazu, dass man sich dann an lauter Kleinigkeiten aufhält […]." [0:28:34.1]

S3: „So, so, also wenn jetzt einer sagt, okay, ich sehe zu, dass immer meine Audits alle also im Ziel abgearbeitet sind, dann könnte es natürlich auch dazu führen, dass die schludrig gemacht werden und dass Themen, die wichtig sind, gleich gar nicht angesprochen werden. Also auch das ist nicht sinnvoll." [0:29:08.5]

Kategorie 5: Kundenperspektive

Frage 1: Wie unterscheiden sich sowohl der Personaleinsatz als auch die Aufgaben je nach Auditart?
Der Personaleinsatz im Qualitätsmanagement für interne Audits wird je nach Einrichtung unterschiedlich gestaltet. Zwei der drei Befragten geben Unterschiede im Personaleinsatz bei klassischen und agilen Audits an.
Der Hauptgrund für den unterschiedlichen Personaleinsatz zwischen beiden Auditarten liege in der Dauer der Auditdurchführung. Ein klassisches Konformitätsaudit beanspruche mehr Zeit. Damit würden in der Regel zwei Auditoren benötigt, damit die nötige Konzentration während der Durchführung aufrecht-erhalten bleibe. Auch für die Vor- und Nachbereitung werde mehr Personal benötigt, da dies mit einem großen Aufwand verbunden sei.

S1: „Bei einem klassischen Audit, wo ich drei vier Stunden im Haus unterwegs bin, gehe ich nicht alleine als Auditor los, weil man nicht vier Stunden da total konzen-triert ist, so dass man dann halt zwei Personen bindet als Auditoren und hat halt diesen

Riesenaufwand für Vorbereitung und Nachbereitung und dass das sehr viel Personal bindet." [0:18:47.7]

Ein agiles Audit werde dagegen aufgrund einer kürzeren Vorbereitung und der Prüfung eines Teilprozesses nur von einer Person durchgeführt. Darüber hinaus werde lediglich ein kurzer Auditbericht an die Abteilungsleitung verfasst, sodass auch für die Nachbereitung wenig Personal gebraucht werde.

> S1: „Und bei agilen Audits habe ich eine kurze Vorbereitung, gehe immer alleine los bei einem agilen Audit, weil ich ja nur einen kleinen Teilprozess mir angucke. Und habe dann währenddessen die Maßnahmen schon umgesetzt, so dass ich keinen Maßnahmenplan mehr schreiben muss. Okay, und schreibe einen kurzen Bericht an die Abteilungsleitung, so dass das viel, viel weniger Personal bindet." [0:18:47.7]

Ein weiterer Unterschied liege in den Erfahrungen des Auditors. Bei agilen Audits sei es möglich, unerfahrenere und weniger fortgebildete Mitarbeiter einzusetzen, da sie sich nur auf einen weniger umfangreichen Prozess fokussieren müssen.

> S1: „Ich glaube auch, dass ich für agile Audits unerfahreneres Personal einsetzen kann, weil die sich nur in einen kleinen Prozessschritt reindenken müssen." [0:19:41.2]

Interviewpartner 3 erklärt, dass Auditoren für agile Audits im Vergleich zu Auditoren klassischer Audits andere Eigenschaften aufweisen sollten. Dabei gehe es insbesondere um die Offenheit und Neugier, sich mit neuen Prozessen zu befassen. Betont wird diesbezüglich auch, dass bisher wenige Personen für diese Position identifiziert wurden. Sofern ein Mitarbeiter diese Art von Audits gut mache, sei es möglich, ihn als alleinigen Auditor für ein Audit einzusetzen.

> S3: „(…) dann gibt es immer ein paar Auditoren, die kommen dann aus dem Bereich Entwicklung zum Beispiel oder die, die irgendwie so angetrieben sind, irgendwie Sachen zu entdecken, neugierig und so, die kann man dann einsetzen für tatsächlich agile Audits." [0:30:58.0]

> S3: „Aber das ist aus meiner Sicher die Minorität. Also es sind nur ganz wenige, die ich da bisher identifiziert habe, womit das wirklich gut funktioniert hat." [0:31:37.8]

> S3: „Ich glaube, wenn ich einen Guten habe, der das gut macht, dann schicke ich ihn auch alleine los und er kriegt das hin." [0:31:48.41]

Bei einer der befragten Personen wurden lediglich Unterschiede im Personaleinsatz zwischen verschiedenen Einrichtungen erkennbar, nicht in der Auditart.

Demnach führe jeder Beschäftigte im Qualitätsmanagement im Rahmen eines generalistischen Ansatzes alle Audits durch. In ihrer derzeitigen Einrichtung werde ein spezialistischer Ansatz verfolgt, wonach pro Bereich des Qualitätsmanagements ein oder mehrere Spezialisten arbeiten und nur in diesen Bereichen auditieren.

> S2: „Da gibt es tatsächlich Unterschiede. Da bin ich noch sehr unzufrieden."
> [0:29:38.4]

> S2: „Egal ob es ein zertifizierter Bereich, nicht zertifizierter Bereich, agil oder nicht agil ist, jeder hat Audits gemacht [...]. Und ich habe hier ein Team übernommen, was einen spezialistischen Ansatz hatte. Also es gibt einen Spezialisten und einen Experten im Risikomanagement und es gibt einen Spezialisten und Experten in Qualitätssicherung und Wissen und einen Experten im Beschwerdemanagement. Und die haben Schwerpunkte gebildet und sind in diesen Schwerpunkten unterwegs." [0:30:51.0]

Die Konsequenz aus diesem Ansatz sei, dass nicht jeder Mitarbeiter jedes Audit durchführen könne. Die befragte Person ist allerdings der Meinung, dass alle im QM beschäftigten Personen, alle Audits durchführen können sollten. Demnach sei die aktuelle Situation nicht zufriedenstellend und soll zukünftig geändert werden. Sie betont auch, dass es für die Beschäftigten eine große Herausforderung darstellt, nicht zwischen den unterschiedlichen Audits in den unterschiedlichen QM-Bereichen zu unterscheiden. Dabei gehe es nicht um die Unterscheidung zwischen klassisch und agil.

> S2: „(...) Das hat aber zur Folge, dass bei mir nicht jeder alle Audits machen kann."
> [0:31:55.0]

> S2: „(...) wenn Sie im QM arbeiten, dann muss jeder alle Audits machen können."
> [0:32:27.0]

> S2: „(...) Also für die Mitarbeiter ist es eine Herausforderung, nicht zwischen unterschiedlichen Bereichen zu unterscheiden, zwischen Konformitätsaudit oder agilen Audit, sondern. (...) Da gibt es keinen Unterschied." [0:33:56.4]

Frage 2: Welche Maßnahmen sind ausschlaggebend für die Optimierung der Auftraggeber- und Mitarbeiterzufriedenheit?
Alle Interviewpartner zeigen unterschiedliche Vorstellungen und Methoden, die sie für die Auftraggeber- und Mitarbeiterzufriedenheit in ihren Einrichtungen anwenden. Interviewpartner 1 beschreibt wesentliche Unterschiede in der Zielsetzung von Mitarbeitern und Auftraggebern. Demnach fordere der Auftraggeber,

in diesem Fall das Qualitätsmanagement selbst bzw. die Zertifizierungsstellen, einen möglichst langen und ausführlichen Auditbericht. Die Mitarbeiter dieser Einrichtung dagegen fordern für eine zufriedenstellende Auditweise eine kurze Dokumentation mit den wichtigsten Maßnahmen.

> S1: „Und um die Zertifizierungsstellen zufriedenzustellen, brauche ich einen langen Bericht. Wobei das Ziel für die Mitarbeiter ist, dass das kurz und knackig ist, dass ich konkrete Maßnahmen habe, dass es verständlich ist." [0:21:08.8]

Darüber hinaus verfolgen die Mitarbeiter weitere folgende Ziele:

> S1: „Keine große Vorbereitung, man selber sein können im Audit nicht zu Hause vorher was lernen muss." [0:21:08.8]

Die Einrichtung, die in ihrem Qualitätsmanagement ein Audit-Tool in den Bereichen Beschwerde-, Risiko- und Auditmanagement anwendet, verzeichne durch diese Software eine erhebliche Steigerung der Mitarbeiterzufriedenheit.

> S2: [...] durch das Instrument steigt die Zufriedenheit auf jeden Fall. [...] weil sie natürlich sehr viel mehr machen können." [0:35:48.1]

In Bezug auf die Leitung bzw. den Auftraggeber sei es notwendig, die in den Audits aufkommenden Themen, auch im eigenen Bereich effektiv anzuwenden, um die Zufriedenheit der Mitarbeiter zu erhalten. Dazu zählen u. a. sämtliche Teammaßnahmen und Mitarbeitergespräche.

> S2: „Und dann müssen Sie natürlich als Leitung die klassischen Sachen machen, die wir beim Audit bei den anderen erfragen. Um die Mitte zu halten, sonst laufen ihnen die Mitarbeiter weg." [0:37:21.1]

Weitere wichtige Faktoren, die zu einer hohen Mitarbeiterzufriedenheit beitragen, werden von Interviewpartner S3 genannt. Demnach spiele es eine große Rolle, die geplante Zeit bei der Durchführung von Audits einzuhalten.

> S3: „[...] aber ich habe das tatsächlich mal abgefragt, ist tatsächlich die Zeit einzuhalten." [0:32:23.1]

Das führt laut S3 erfahrungsgemäß dazu, dass hauptsächlich im Bereich der Konformitätsaudits die Qualität des Audits zweitrangig sei. Der Grund dafür sei die routinemäßige Kontrolle im Rahmen der Audits, die sich grundlegend jährlich wiederholen und in vielen Fällen lediglich der Routinekontrolle dienen. Aus diesem Grund werde Wert darauf gelegt, dies in einer angemessenen Zeit zu erledigen.

> S3: „Also das Interessante an der Sache war, dass gerade bei Konformitätsaudits die meisten Auditierten keinen Wert darauf gelegt haben, wie hoch die Qualität des Audits war." [0:32:32.3]

> S3: „So, für die ist es eine, ich sage mal eine routinemäßige Abfrage, weil das ist natürlich so, wenn ich jedes Jahr die gleichen Sachen abgefragt habe und eigentlich weiß, was ich mache, so und auch nichts zu befürchten habe. […] und dann will ich aber auch das in Zeiten gemacht haben […]." [0:32:48.7]

Ein weiterer wesentlicher Faktor hinsichtlich der Mitarbeiterzufriedenheit sei die Erteilung eines positiven Feedbacks, um die Wertschätzung der Mitarbeiter und des Auditors kenntlich zu machen. Wichtig sei auch die Wertschätzung und Wahrnehmung des Auditors. Dabei solle von den auditierten Personen gesehen werden, dass nicht primär die Kritik und eine lange Mängelliste im Vordergrund stehen. Zudem sei es wichtig, sich auf die wesentlichen Aspekte des Audits zu konzentrieren und diese zu benennen, sodass der Anreiz besteht, diese Aspekte umzusetzen.

> S3: „Und dass der auch positives Feedback gibt (…). Also dass der auch wirklich ausstrahlt, dass der das wertschätzt, dass der andere sich auch mal Zeit nimmt. Also dass der Auditor nicht als reiner Checklisten-Prüfer wahrgenommen wird, sondern dass man sieht, dass der ja auch positiv in den Bereich reingeht und dass es nicht darum geht, irgendwie eine lange Mängelliste zu schreiben." [0:33:14.0]

> S3: „[…] und am Ende des Tages, dass die wesentlichen Punkte auch tatsächlich identifiziert sind und dass die auf der anderen Seite auch verstanden sind, so dass die dann auch gerne daran arbeiten möchten." [0:34:12.6]

Frage 3: Wie hat sich die Zufriedenheit der Mitarbeiter und Auftraggeber durch agile Auditierung verändert?
Die Antworten auf diese Frage zeigen ebenfalls deutliche Unterschiede. Zwei der drei Befragten geben an, positive Auswirkungen auf die Zufriedenheit der Mitarbeiter und Auftraggeber zu verzeichnen. Dies äußere sich insbesondere durch mehr Achtung durch die auditierten Personen. Durch zeitsparendere und kürzere Auditprozesse würden diese vom Personal als nicht lästig und demnach als sinnvoller empfunden. Zudem werde die lockere Atmosphäre des

agilen Auditprozesses positiv hervorgehoben, da diese in der Regel, anders als Konformitätsaudits, nicht als Prüfungssituation empfunden werde.

> S1: „Ja, auf jeden Fall verändert. Die sind nicht genervt vom QM." [0:22:19.2]

> S1: „Die kommen nicht acht Mal im Jahr für ein großes Audit, sondern die kommen jeden Monat und gucken mal kurz. Das ist was anderes." [0:22:24.8]

> S3: „Ich glaube, sie werden einfach als sinnvoller erlebt." [0:34:50.9]

> S3: „So und auch von den Personen, wenn wir die auditieren, auch die finden das glaube ich eine lockere Atmosphäre, weil es halt keine Prüfungssituation ist. (…) also wenn der Auftraggeber nun etwas Sinnvolles damit machen kann. Ich glaube, dann ist das sehr wertvoll, auch für den Auftraggeber und für die Organisation." [0:34:56.2]

Ein Interviewteilnehmer gibt an, dass ihre Auftraggeber, die sich aus einem kaufmännischen, ärztlichen und pflegerischen Vorstand zusammensetzt, den Unterschied zwischen klassischen und agilen Audits nicht kennen.

> S2: „Den Unterschied kennen die gar nicht." [0:39:54.3]

Steuerungs- und Aufrechterhaltungsfrage: Welchen Einfluss hat die agile Arbeitsweise auf die Kommunikation innerhalb des Teams?

Um an die Faktoren der Zufriedenheit bei Mitarbeitern und Auftraggebern anzuknüpfen, wurde der Einfluss der Agilität auf die Kommunikation innerhalb des Teams erfragt. Dabei gaben zwei der drei Interviewpartner einen veränderten Kommunikationsprozess zwischen allen Beteiligten an. Einerseits bedürfe es keine Zwischenschritte mehr in der Kommunikation vom Qualitätsmanagement zu den Beteiligten. Dadurch sei es nicht mehr notwendig, die umzusetzenden Maßnahmen mit den Chefärzten oder Abteilungsleitungen abzustimmen.

> S1: „Man hat den direkten Kommunikationsweg vom QM zu den Prozessbeteiligten. Man muss nicht mehr über Chefärzte und Abteilungsleitungen eine Maßnahme an die Prozessbeteiligten weiterstreuen, sondern man kann im agilen Audit direkt von ich sag mal, von unten herab nach oben die Maßnahme reinstreuen." [0:22:57.7]

Daraus resultiere ein besseres Verständnis auf Seiten der beteiligten Mitarbeiter, da sie mehr in den Prozess und in die Problematik miteinbezogen werden.

> S1: „Und das ist oft der einfachere Weg, weil die Mitarbeiter vor Ort verstehen, warum sie das machen, Weil sie selber mit drin waren, kurz im agilen Audit und selber das

Problem dann erkannt haben. Und nicht, weil die Abteilungsleitung dann 18 seitigen Bericht vorgelesen hat. Und da steht das drin, dass wir das machen müssen." [0:22:57.7]

Andererseits wird das iterative Vorgehen als ausschlaggebender Faktor für eine intensivere Kommunikation genannt. Durch die iterativen Zyklen sei es notwendig, die Zwischenschritte und das weitere Vorgehen zu kommunizieren. Bei klassischen Konformitätsaudits werde durch die intensive Vorarbeits- und Planungsphase im Voraus vieles festgelegt, wodurch die Kommunikation mit den Beteiligten während des Auditprozesses geringer ausfalle.

S3: „Ja, durch die Iteration, also auch das Auditteam muss sich dann natürlich immer wieder überlegen, was mir gehört. Was haben wir verstanden, was haben wir gesehen, was benötigen wir noch? Wie wollen wir die nächsten Schritte planen? Doch das ist definitiv intensiver, weil bei Konformitätsaudits ist ja eigentlich alles festgelegt." [0:35:36.6]

Frage 4: Inwiefern erfolgt eine interdisziplinäre Zusammenarbeit hinsichtlich der internen Audits und werden dadurch bessere Auditergebnisse erzielt?
Die Aussagen aller befragten Interviewteilnehmer zielen darauf ab, dass eine interdisziplinäre Zusammenarbeit im Rahmen von internen Audits unerlässlich ist. Es wird die Relevanz interdisziplinärer Zusammenarbeit insbesondere bei der Bearbeitung und Lösungsfindung von Problemen aufgezeigt.

S2: „Wenn Sie irgendein Problem haben, können Sie es niemals mit einer Berufsgruppe machen." [0:41:14.7]

S2: „Ohne diese würde das ja, glaube ich, auch gar nicht funktionieren. Also, wir arbeiten interdisziplinär, multiprofessionell, interprofessionell." [0:40:24.8]

In Bezug auf agile Audits differenzieren sich die Aussagen zweier Interviewteilnehmer. Die Grundlage bildet, wie agile Audits in der jeweiligen Einrichtung eingesetzt werden. Werden agile Audits zur Prüfung von Teilprozessen eingesetzt, komme einer interdisziplinären Zusammenarbeit weniger Bedeutung zu.

S1: „Bei einem agilen Audit brauche ich nicht immer zwingend das ganze Behandlungsteam, weil ich ja nur ein Teilprozess habe." [0:24:19.3]

Demgegenüber stehe die hohe Relevanz der interdisziplinären Zusammenarbeit bei agilen Audits, sofern ein gesamter Prozess agil durchgeführt werde. Im

Rahmen der Problemidentifizierung sei es notwendig, den Sachverhalt mehr-
perspektivisch zu betrachten und danach ausgerichtet zu reagieren. Das gelte
ebenso bei der Feststellung der Kundenerwartungen, die ohne eine ausreichende
interdisziplinäre Zusammenarbeit nicht identifiziert werden könne.

> S3: „Ja, eigentlich geht es bei diesen agilen Audits nur um interdisziplinäre Zusam-
> menarbeit [...]. Oft ist es ja so, dass man erstmal das Problem verstehen möchte.
> Und wenn ich das nicht aus den verschiedenen Perspektiven habe [...], dann wird das
> Ganze nicht verstanden, nicht funktionieren." [0:36:28.0]

Bei klassischen Konformitätsaudits werde in der Regel abteilungsübergreifend
gearbeitet und sowohl Assistenzärzte als auch Chefärzte mit in den Prozess
eingebunden.

> S1: „Bei einem großen klassischen Audit brauche ich alle und dann meistens nicht nur
> den Assistenzarzt, sondern der Chefarzt will selber mit gucken, was die da antworten
> und habe dann eine Riesentruppe gebunden." [0:24:19.3]

*Frage 5: Inwiefern besteht bei agilen Audits mehr Gestaltungsfreiheit des
Personals in der interdisziplinären Zusammenarbeit?*
Die Ergebnisse dieser Frage zeigen durch alle drei Interviewpartner, dass in der
interdisziplinären Zusammenarbeit keine wesentlichen Unterschiede hinsichtlich
der Gestaltungsfreiheit besteht. Demzufolge bestehe sowohl bei klassischen als
auch bei agilen Audits eine ungebundene thematische Vorgehensweise.

> S1: „Thematisch bin ich da also sehr ungebunden." [0:26:14.3]

Die Mitarbeiter des Qualitätsmanagements seien in der Festlegung der Fragen
weitestgehend frei. Es müsse lediglich bedacht werden, diese Fragen abschließend
im Auditbericht aufzuführen. Darüber hinaus bestehe auch bei klassischen Audits
die Möglichkeit, während des Auditprozesses situationsbezogen weitere Fragen
zu stellen, die auf andere Bereiche und Abteilungen bezogen sind.

> S1: „Ich glaube die Freiheit hat man als QM-Mitarbeiter immer. Man kann fragen,
> was man will, das steht halt so im Auditplan. es können noch weitere Teilbereiche
> abgefragt werden, wenn die Situation es zulässt, so dass sie spontan bei einem Hygie-
> neaudit auch was zu Medizinprodukte Sicherheit fragen kann, so dass ich auch bei
> einem klassischen Audit Themen einbringen kann, die vielleicht nicht geplant waren."
> [0:25:44.0]

Die Wichtigkeit einer angemessenen Gestaltungsfreiheit des Auditors im Auditprozess wird durch Interviewpartner 3 dargestellt. Dabei spiele die eigene Motivation des internen Auditors eine wesentliche Rolle, Dinge verändern und erreichen zu wollen. Aus diesem Grund sei es wichtig, ihm als Spezialist die nötige Freiheit in seinem Handeln zu geben, um die bestmöglichen Ergebnisse zu erzielen.

> S3: „[…] der interne Auditor, der muss das auch machen wollen. Das heißt, er muss auch selber den Antrieb haben und sagen Ich möchte irgendwas erreichen, ich möchte irgendwas verändern, ich möchte ein Problem lösen. Was auch bedeutet, man muss ihm natürlich auch freie Hand geben. Und weil er der Spezialist ist und der einzige ist, der das auch wahrscheinlich versteht, wenn er da durchgeht, der muss der eigentlich 100 % Spielraum haben." [0:38:05.9]

Kategorie 6: Abschluss und Ausblick
Die abschließenden Fragen des Interviews zielen darauf ab, weitere relevante Aspekte zur Forschungsthematik aufzubringen. Es wurden primär subjektive Meinungen zu den künftigen Perspektiven interner Audits sowie zu den Potenzialen agiler Audits erfasst und ein abschließendes Fazit gezogen. Abschließend wurden primär die Zertifizierungsmaßnahmen kritisiert, da Konformitätsaudits mit den Zertifizierungen aus der Pflicht heraus durchgeführt werden. Wünschenswert wäre eine intrinsische Motivation zur Veränderung und Verbesserung von Prozessen.

> S2: „Also ich bin ein absoluter Gegner von Zertifizierungsmaßnahmen. Eigentlich müssen wir intrinsisch motiviert sein, die höchste Qualität zu erbringen. Also da muss mich keiner für zwingen. […] also sobald man zertifiziert ist, macht man irgendwas immer nur für die Zertifizierung." [0:42:38.1]

Dennoch wird von S2 betont, dass Zertifizierungen sinnvoll sind, da sie eine gewisse Konformität benötigen und primär die Qualität von Prozessen verbessern. Zudem wird angemerkt, dass im Rahmen der Zertifizierungen nur klassische Konformitätsaudits durchgeführt werden und nicht durch agile Audits ergänzt werden. Dahingehend sollte seiner Meinung nach zukünftig erreicht werden, dass die Zertifizierungsgesellschaften neben den Konformitätsaudits auch agile Audits im Rahmen einer Norm akzeptieren.

> S2: „[…] aber die Zertifizierung macht auf jeden Fall Sinn. Man verbessert dadurch Qualität. Es ist nicht so, dass ich jetzt sage, dass das keinen Sinn macht." [0:43:24.7]

S2: „Und deswegen ist es eigentlich schade, dass man die bei den zertifizierten Bereichen nur Konformitätsaudits macht." [0:44:42.3]

S2: „Also die Zertifizierungen werden ja weiterhin bestehen und die brauchen eine
gewisse Konformität, einen gewissen Konformitätsabgleich, was ja auch gut ist, weil
erfülle ich die Normen oder nicht?" [0:48:29.2]

S2: Aber sozusagen, dass die Zertifizierungsgesellschaften auch agile Audits in der
Norm, also in diesem Abgleich akzeptieren, das muss man ja erreichen. (...) Ich will
ja mit den zertifizierten Bereichen auch agile Methoden anwenden und trotzdem die
Nonkonformität im Hintergrund irgendwie laufen lassen." [0:48:29.2]

S2: „So muss man [...] und die Fachgesellschaften dazu bringen, dass auch die agilen
Audits oder die agilen Methoden trotzdem die Normkonformität in gewisser Weise
auch überprüfen." [0:49:41.3]

Von Interviewpartner 3 wird ebenfalls betont, dass viele Aspekte einer Einrichtung anhand agiler Methoden bearbeitet werden können. Dabei geht es nicht
primär darum, Konformitätsaudits durch agile Audits zu ersetzen, sondern vielmehr um die Kombination beider Auditarten. Diese Vorgehensweise wird dadurch
erklärt, den Einsatz von Konformitätsaudits auf die Norm zu reduzieren und
ergänzend agil zu auditieren.

S3: „So, und ich glaube, wenn eine Organisation Themen hat, dann lässt sich das sehr
schön mit agilen Methoden oder auch agilen Methoden angehen." [0:39:32.2]

S3: „Für mich ist es keine Entweder- oder Sache, sondern sowohl als auch."
[0:43:39.9]

S3: „Also unser Ansatz ist gewesen, wir haben einfach den Konformitätsteil deutlich
reduziert, weil wie gesagt, laut Norm kann man das auch machen und der Spielraum,
der dann übrig ist, den könnte ich ja dann nutzen, um so was zu machen wie agile
Audits." [0:43:51.5]

Alle befragten Interviewteilnehmer sind sich einig, dass agile Audits vermehrt
im Qualitätsmanagement der Krankenhäuser etabliert werden sollten. Dadurch
werden die Potenziale agiler Audits verdeutlicht. Interviewpartner 1 geht gezielt
auf kleinere Krankenhäuser ein, da viele kleine Krankenhäuser bisher keine agilen Audits durchführen. S1 sieht in diesen Einrichtungen das meiste Potenzial
zur Umsetzung, da Prozessstrukturen im Vergleich zu klassischen Audits nicht
weitläufig sind. Darüber hinaus wird geäußert, dass auch große Krankenhäuser
in einzelnen Teilbereichen vermehrt agil auditieren sollten, um damit bestehende
Strukturen zu ändern.

S1: „Ich finde gerade, dass kleinere Krankenhäuser damit anfangen sollten, weil es immer noch viele gibt, die nur klassische Audits machen. Und in einem kleinen Krankenhaus kann man das super umsetzen und habe das Gefühl, dass große Krankenhäuser das mal probieren sollten. An einzelnen Teilstellen einfach mal ein agiles Audit zu machen und sich da einfach mal einfach mal Dinge auf und Strukturen aufzubrechen." [0:27:06.1]

S2: „Unbedingt." [0:46:04.6]

S3: „Meine Antwort ist sollte man drüber nachdenken und sollte man machen." [0:41:34.1]

Diskussion

9

Auf die vorherige Darstellung der quantitativen und qualitativen Ergebnisse folgt in diesem Kapitel die Diskussion der wesentlichen Erkenntnisse. Bei den Ergebnissen der qualitativen Analyse ist anzumerken, dass sie subjektive Erfahrungswerte und individuelle Vorgehensweisen in den jeweiligen Einrichtungen der Experten darstellen.

Die Methode des Mixed-Methods Designs erwies sich als geeignete Methodik, um die Forschungsfragen zu beantworten. Durch die Kombination von quantitativen und qualitativen Untersuchungen war es möglich, den Forschungsgegenstand umfangreich zu untersuchen. Die Ergebnisse der quantitativen Forschung konnten durch das qualitative Vorgehen vertieft werden.

Die Ergebnisse der quantitativen Datenerhebung wurden durch eine statistische Auswertung mithilfe von Häufigkeitstabellen deskriptiv dargestellt. Die erzielte Rücklaufquote von 31 % bei einer Stichprobengröße von 69 (N = 69) stellt eine für diese Arbeit repräsentative Stichprobe dar. Die im ersten Schritt erhobenen Strukturdaten des Krankenhauses bieten eine Übersicht über die an der Befragung teilgenommenen Krankenhäuser. Aus den Strukturdaten lässt sich schließen, dass der Großteil der befragten Einrichtungen Krankenhäuser einer freigemeinnützigen Trägerschaft darstellt. Die mittlere Bettenanzahl der Krankenhäuser beträgt rund 510 Betten. 39,1 % der Krankenhäuser dieser Befragung weisen eine Versorgungsstufe der Regelversorgung auf. Darüber hinaus sind 69,6 % der Krankenhäuser eine Einrichtung der vollstationären Versorgung.

Die erhobenen Daten zum Qualitätsmanagement und internen Audits veranschaulichen, dass viele Bereiche Potenziale zur Optimierung von Auditstrukturen und der Qualität bieten. Durch diese Aspekte wird die quantitative Forschungsfrage *„Welche wesentlichen Verbesserungsansätze bezüglich interner Audits im Qualitätsmanagement der Krankenhäuser lassen sich identifizieren?"* beantwortet. Dazu zählen vorwiegend die Bewertung des allgemeinen Auditprozesses, die

L. Bartsch, *Strukturwandel im Krankenhaus und Perspektiven interner Audits*, BestMasters, https://doi.org/10.1007/978-3-658-46947-4_9

Nutzung von Kennzahlen im Rahmen der Audits, die Reduzierung des Zeitaufwands für die Planung, Durchführung und den Abschluss der Audits, die
Relation von geplanten und abgeschlossenen Audits, die Relevanz von Auditrisiken, die Effizienz und Effektivität der Audits sowie die Zufriedenheit des
Personals mit ihren Audits. Positiv hervorzuheben sind die Ergebnisse in Bezug
auf die regelmäßige Durchführung interner Audits, das Vorliegen einer separaten QM-Kostenstelle und Verfahrensanweisung sowie die gute Ergebnisqualität
interner Audits.

Auf dieser Grundlage wurden die wichtigsten Ergebnisse mithilfe von Kreuztabellen gegenübergestellt und weiter analysiert. Klassische Konformitätsaudits
und agile Audits wurden als unabhängige Variablen und die ausgewählten
Aspekte als abhängige Variablen betrachtet. Durch dieses Vorgehen wurde gezielt
auf die Differenzierung beider Auditarten eingegangen, um zu erforschen, welche Auditart hinsichtlich welcher Aspekte bessere Ergebnisse aufweist. Durch
die Kategorisierung bezüglich besserer Ergebnisse bei klassischen Konformitätsaudits, agilen Audits oder einer gleichen bzw. ähnlichen Bewertung war es
möglich, die Potenziale der einzelnen Auditarten systematisch herauszuarbeiten. Durch diese Ergebnisse wurde Bezug auf die quantitative Forschungsfrage
*„Inwiefern unterscheiden sich die Bewertungen dieser Verbesserungsansätze in
Bezug auf die Differenzierung von klassischen Konformitätsaudits und agilen
Audits?"* genommen.

Mit Blick auf eine gleiche Bewertung beider Auditarten lässt sich zusammenfassen, dass nur in Bezug auf die Frage zu einer regelmäßigen Durchführung
von internen Audits eine gleiche Bewertung für klassische Konformitätsaudits
und agile Audits vorliegt. Die Ergebnisse zeigen, dass interne Audits ein fester
Bestandteil des Qualitätsmanagements der Krankenhäuser sind, da nahezu alle
Krankenhäuser regelmäßig interne Audits durchführen. Die anderen Ergebnisse
in Bezug auf die Quote abgeschlossener Audits, die Bewertung der Ergebnisqualität sowie das Vorliegen einer Verfahrensanweisung agiler Audits weisen mit
kleiner Differenz zu den Ergebnissen der klassischen Konformitätsaudits bessere
Bewertungen auf.

Klassische Konformitätsaudits unterliegen hinsichtlich der Kennzahlennutzung
zur Leistungsmessung der Audits, bei der Anwendung einer QM-Kostenstelle
sowie bei der Bedeutung von Auditrisiken einer besseren Bewertung.

Agile Audits unterscheiden sich in der Bewertung in vielerlei Hinsicht von
klassischen Konformitätsaudits und weisen damit im Gesamten die besten Resultate auf. Dazu zählt die Bewertung des internen Auditprozesses, die Effizienz
und Effektivität der Audits sowie die Durchführung von Risikoaudits. Des Weiteren wird der Zeitaufwand des Auditprozesses, besonders die Durchführung und

Nachbereitung sowie die Mitarbeiter- und Auftraggeberzufriedenheit bei agilen Audits positiv bewertet.

Nachfolgend werden die quantitativen und qualitativen Ergebnisse für eine vertiefende und ganzheitliche Betrachtung des Forschungsgegenstandes im Rahmen der Mixed-Methods Analyse zusammengeführt.

Als Grundlage für die qualitative Datenerhebung diente die Einstiegsfrage zur Klärung der unterschiedlichen Anwendung klassischer und agiler Audits in den Einrichtungen der befragten Experten. Da agile Audits zum aktuellen Zeitpunkt noch keine flächendeckende Anwendung im Qualitätsmanagement der Krankenhäuser finden und je nach Auffassung der Beschäftigten unterschiedlich integriert werden, wurden unterschiedliche Ansätze zur Integration agiler Audits im Qualitätsmanagement verzeichnet. Ist keine Zertifizierung des Audits nach der DIN EN ISO 9001 erforderlich, bietet sich nach Einschätzung der Experten die Möglichkeit, agile Audits einzusetzen. Durch die praktische Orientierung lassen sie sich von den Checklisten eines Konformitätsaudits abgrenzen. Häufig werden Teilprozesse durch agile Audits geprüft, wobei oft eine direkte Maßnahmenableitung einhergeht. Zudem unterscheidet sich die Anwendung der Audits je nach Größe des zu prüfenden Bereichs. Klassische Konformitätsaudits werden häufig zur Prüfung großer Bereiche eingesetzt, agile Audits dagegen eher zur Prüfung von kleinen Bereichen oder Teilprozessen. Weiter wird je nach System unterschieden. Klassische Konformitätsaudits verfolgen eine striktere Planung mit der Abarbeitung einer Checkliste. Bei agilen Audits werden Checklisten nur bedingt im Hintergrund beachtet und kommen primär anlassbezogen zum Einsatz. Die größten Unterschiede zwischen beiden Auditarten sind im Prüfprozess zu verzeichnen. Agile Audits grenzen sich durch iterative Phasen und darauf aufbauenden Prozessen von strikteren Strukturen des klassischen Konformitätsaudits ab. Dadurch wird eine hohe Flexibilität im Prozessvorgehen erreicht. Auch die Dokumentation und die damit einhergehende Erstellung der Auditpläne erfolgt bei klassischen Audits ausführlicher und umfangreicher, wohingegen bei agilen Audits ein geringerer Dokumentationsprozess und häufig eine direkte Maßnahmenumsetzung angestrebt wird.

Die meisten Krankenhäuser verfügen in ihrem Qualitätsmanagement über eine eigene Kostenstelle. Dabei zeigt die Gegenüberstellung beider Auditarten deutlich, dass bei der Durchführung klassischer Konformitätsaudits häufiger QM-Kostenstellen vorliegen. In der qualitativen Datenerhebung wurde sich im Bereich der Finanzierung gezielt auf interne Audits bezogen und diese anhand der Forschungsfrage *„Inwieweit werden Kosteneinsparungen durch gute Auditergebnisse erzielt?"* auf Veränderungen in der Kostenoptimierung untersucht. Dabei ergaben sich grundlegend keine Unterschiede zwischen beiden Auditarten.

Das liegt daran, dass interne Audits nicht eigenständig finanziert sind. Jedoch wurde angemerkt, dass ein klassisches Audit nicht das richtige Instrument zur Kosteneinsparung ist. Als primäre Ausgaben wurden Fort- und Weiterbildungen des Personals genannt. Diese Kosten fallen jedoch sowohl bei klassischen als auch bei agilen Audits an. Wird das Kosten-Nutzen Verhältnis interner Audits betrachtet, sind deutliche Unterschiede in den Auditarten zu verzeichnen. Agile Audits weisen ein höheres Kosten-Nutzen Verhältnis auf. Das zeigt sich darin, dass bei agilen Audits weniger Kosten aufkommen und durch ein schnelleres Vorgehen ein größerer Nutzen erzielt wird. Bei klassischen Konformitätsaudits verhält sich diese Relation entsprechend gegenläufig.

Weiter zeigen die Ergebnisse, dass Auditrisiken häufig keine Rolle im internen Auditprozess spielen, obwohl sie ein wichtiger Teil des Qualitäts- und Risikomanagements sind. Werden Auditrisiken je nach Auditart separat betrachtet, zeigt sich eine höhere Berücksichtigung bei klassischen Audits als bei agilen Audits. Im Rahmen der Interviews wurde die unterschiedliche Identifizierung von Auditrisiken erfragt und die Forschungsfrage *„Welchen Stellenwert nimmt die Risikoidentifizierung bei klassischen Konformitätsaudits und agilen Audits ein?"* beantwortet. Entscheidend ist dabei die Differenzierung von Auditrisiken. Zum einen gibt es Risiken, die sich direkt auf das Audit beziehen, wie Ressourcenknappheit oder Personalausfall. Auf der anderen Seite werden Risiken betrachtet, die durch ein Audit identifiziert werden. Diesbezüglich werden als häufigste Auditrisiken die Identifikation von Patientengefährdungen, Fehler im OP-Ablauf oder in der Medikation und Fehler in den Bereichen Notaufnahme und Sterilisation genannt. Die qualitativen Ergebnisse bestätigen die quantitative Erkenntnis, dass Risiken bei klassischen Audits von größerer Bedeutung sind. Zum einen haben agile Audits in den befragten Einrichtungen nicht primär zum Ziel, Risiken zu identifizieren. Dahingegen sind Risikomanagementfragen im klassischen Audit ein fester Bestandteil. Diese werden häufig auch im Rahmen von separaten Risikoaudits behandelt. Daraus resultiert ein kontinuierlicher Risikoprozess. Wird das Auftreten von Risiken in Bezug auf das unterschiedliche Vorgehen beider Auditarten betrachtet, werden durch agile Audits häufiger Risiken identifiziert, da sie im Vergleich zu klassischen Audits flexibler und häufiger spontan durchgeführt werden. Dem geht voraus, dass sich die auditierten Bereiche weniger vorbereiten und eher die Realität erfasst wird. Von den meisten der befragten Krankenhäuser werden Risikoaudits häufig im Rahmen des Risikomanagements durchgeführt. Diese werden deutlich häufiger im Bereich der agilen Auditierung miteinbezogen.

In Bezug auf die Risiken ist auch die hohe Quote nicht abgeschlossener Audits zu berücksichtigen, da dies Risiken und Herausforderungen für das gesamte Qualitätsmanagement mit sich bringt. Problematisch ist zu betrachten, dass viele der geplanten Audits nicht vollständig durchgeführt werden, da sie abgebrochen oder abgesagt werden. Allerdings lassen sich keine bedeutsamen Unterschiede zwischen klassischen Konformitätsaudits und agilen Audits ableiten. In Bezug auf diesen Aspekt verfolgte das qualitative Interview das Ziel, die Gründe für nicht abgeschlossene Audits zu erforschen. Häufig liegen die Gründe in der fehlenden Motivation und Disziplin der Auditoren sowie in fehlenden Ressourcen. Dieser Problematik kann zum einen durch die eigenständige Durchführung der Audits durch die Leitung entgegengewirkt werden, wodurch die Delegation auf andere Mitarbeiter und eine eventuell fehlende Disziplin umgangen wird. Zum anderen kann durch die Bestimmung von Vertretern das Problem bei Personalausfall gelöst werden. Darüber hinaus ist eine Software oder ein automatisches Tracking des Auditprozesses durch einen Auditleiter hilfreich. Damit werden bevorstehende Maßnahmen an die jeweiligen Verantwortlichen zugewiesen und die Disziplin der Mitarbeiter gefördert. Aus dieser Problematik ergeben sich primär negative Auswirkungen auf das Qualitätsmanagement. Durch den Ausfall interner Audits wird der kontinuierliche Verbesserungsprozess unterbrochen und der jeweilige Zustand einer Abteilung nicht geprüft. Damit geht ein wichtiger Kontrollprozess verloren. Es ist auch möglich, dass sich zunächst keine Auswirkungen zeigen, sofern es sich um Routineüberprüfungen handelt. Dabei werden negative Auswirkungen erst nach einer längeren Zeit bemerkbar, wenn Audits längerfristig nicht durchgeführt werden.

Einen weiteren wichtigen Faktor in der Bewertung der Audits stellt der zeitliche Aufwand dar. Es wurde festgestellt, dass der Zeitaufwand für die Planung, Durchführung und den Abschluss der internen Audits von der Mehrheit der Befragten als zu hoch empfunden wird. Die Gegenüberstellung beider Auditarten zeigte, dass der Zeitaufwand für einen gesamten Auditprozess bei agilen Audits geringer ist. Werden die einzelnen Schritte eines Audits differenziert betrachtet, zeigt sich, dass die Planung bei klassischen Audits mit einem geringen Zeitaufwand einhergeht. Dagegen ist der Aufwand für die Durchführungs- und Nachbereitungsprozesse bei agilen Audits geringer. In der qualitativen Analyse wurden unterschiedliche Aspekte genannt, die für den Zeitaufwand interner Audits ausschlaggebend sind. Diese Aspekte werden durch die Beantwortung der Forschungsfrage *„Wie verändert sich der Zeitaufwand für agile Audits im Vergleich zu klassischen Konformitätsaudits?"* erläutert. Viel Zeit wird von den Schulungen der zu auditierenden Mitarbeiter oder für die Vorbereitung der

Auditpläne beansprucht. Dabei sind die Sichtung und Vorbereitung der Dokumente ein wesentlicher Zeitfaktor. Bei klassischen Konformitätsaudits werden in der Regel Zeiten im Voraus geplant, die es einzuhalten gilt. Bei agilen Audits werden durch flexiblere Prozessschritte im Voraus keine festen Zeiten eingeplant. Durch eine Audit-Software kann viel Zeit sowohl in der Planung, Durchführung als auch Nachbereitung eingespart werden, da Dokumente, Fragenkataloge und Checklisten online hinterlegt werden können. Zudem kann aus der Dokumentation direkt der Auditbericht abgeleitet werden, wodurch viel Zeit in der Nachbereitung eingespart wird. Unabhängig davon wurde betont, dass agile Audits nicht primär das Ziel verfolgen, Zeit einzusparen. Abschließend zeigen die Ergebnisse, dass je nach Integration und Durchführung agiler Audits unterschiedlich viel Zeit in der Planung, Durchführung und Nachbereitung eingespart wird. Des Weiteren ist der Zeitaufwand von den jeweiligen Problemstellungen und Zielen abhängig.

Auch die zentralen Aspekte Effizienz und Effektivität interner Auditprozesse wurde von 65,2 % bzw. 60,9 % lediglich mittelmäßig eingestuft. Werden dennoch beide Auditarten getrennt voneinander betrachtet, zeigt sich sowohl bei der Effizienz als auch bei der Effektivität eine höhere Bewertung bei agilen Audits. Unterschiedliche Kennzahlen werden unter anderem häufig zur Messung der Effektivität und Effizienz von Abläufen genutzt. Die Ergebnisse zur Kennzahlennutzung zeigen jedoch unabhängig der Art des Audits eine unzureichende Anwendung im Qualitätsmanagement. Das wird durch die Darstellung mithilfe der Häufigkeitstabelle sichtbar, die zeigt, dass 62,3 % der Befragten keine Kennzahlen im Auditprozess nutzen. Auch die qualitativen Ergebnisse bestätigen die Resultate der quantitativen Datenerhebung. Im Rahmen der Experteninterviews wurde auf die Frage *„Welche Determinanten beeinflussen die Effizienz und Effektivität interner Auditprozesse und wie unterscheiden sie sich hinsichtlich agiler Audits und klassischer Konformitätsaudits?"* eingegangen. Durch die qualitative Auswertung wurde ersichtlich, dass sowohl die Effizienz als auch die Effektivität auf unterschiedliche Weise auf den Auditprozess bezogen wird. Ein Ansatzpunkt zur Bewertung der Effizienz stellt die Kosten-Nutzen Relation interner Audits dar. Aus den Ergebnissen folgt, dass agile Audits insofern ein höheres Kosten-Nutzen Verhältnis aufweisen, als dass sie durch einen geringen Zeitaufwand in der Nachbereitung eine schnellere Maßnahmenableitung ermöglichen. Eine bessere Bewertung von agilen Audits wird zudem durch eine höhere Akzeptanz der auditierten Bereiche begründet. Dabei ist die veränderte Wahrnehmung in Bezug auf die Auditoren ausschlaggebend, da sie mehr als Unterstützer und weniger als Prüfer angesehen werden. Klassische Konformitätsaudits werden dagegen als Prüfprozesse wahrgenommen. Aus einer anderen

Sichtweise betrachtet, steht der klassische Konformitätsauditprozess durch die schnelle Abarbeitung einer Checkliste für die Effizienz. Die größere Effektivität dagegen wird durch agile Audits erreicht. Qualitativ wurde herausgefunden, inwiefern praxisrelevante Kennzahlen einen Einfluss auf den Auditprozess haben und welche Kennzahlen vorwiegend eingesetzt werden. Es zeigt sich auch hier, dass Kennzahlen im Auditprozess nur selten eingesetzt werden und dass bei der Anwendung von Kennzahlen nicht zwischen den Auditarten unterschieden wird. Kennzahlen werden primär zur Beschreibung von geplanten und durchgeführten Audits und Maßnahmen verwendet. Gute Kennzahlen werden durch Lob und Anerkennung an die Beschäftigten weitergegeben. Die Ergebnisse zeigen, dass Kennzahlen trotz der geringen Anwendung eine zentrale Bedeutung für die Messung der Auditperformance hat. Da Kennzahlen häufig auch zur Messung der Effektivität und Effizienz herangezogen werden, könnten durch eine vermehrte Anwendung der Kennzahlen effektivere und effizientere Auditprozesse erzielt werden. Dieser Aspekt lässt sich zur Begründung für die vorliegenden unzureichenden Bewertungen hinsichtlich der Effektivität und Effizienz heranziehen. Andererseits werden Kennzahlen als nicht hilfreich angesehen, da sie, je nach Einrichtung, häufig zur Identifizierung kleinerer Korrekturmaßnahmen bei klassischen Audits genutzt werden. Diese einzelnen kleinen Korrekturmaßnahmen sollten allerdings nicht das primäre Auditziel darstellen und wichtige Maßnahmen vernachlässigen, weshalb Kennzahlen häufig keine Anwendung finden.

Mit Blick auf die Mitarbeiter- und Auftraggeberzufriedenheit lässt sich durch die quantitativen Ergebnisse feststellen, dass sich die Zufriedenheit beider Parteien deutlich unterscheidet. Während die Zufriedenheit der Mitarbeiter und Auditoren bezüglich des Auditprozesses unabhängig der Auditart im mittleren Bereich lag, war die Zufriedenheit der Auftraggeber höher. Diesbezüglich werden die Ergebnisse der quantitativen Frage *„Wie würden Sie Ihre internen Audits noch weiter verbessern?"* unterstützend herangezogen. Dabei wurde häufig eine bessere Einbindung und Unterstützung der Führungskräfte im gesamten Auditprozess gewünscht. Diese Ergebnisse lassen darauf schließen, dass die Geschäftsführung wenig am Auditprozess und der Maßnahmenableitung beteiligt ist und demnach die bestehenden Probleme weniger wahrgenommen werden. Dadurch werden die Auditprozesse und die Zufriedenheit besser von ihnen bewertet. Anders ist es dagegen bei den Beschäftigten des Qualitätsmanagements, die aktiv am Auditprozess und den resultierenden Herausforderungen beteiligt sind und schließlich den Prozess schlechter bewerten. Wird die Gegenüberstellung beider Auditarten betrachtet, sind sowohl Mitarbeiter als auch Auftraggeber mit der Anwendung agiler Audits zufriedener. Die qualitative Datenerhebung zeigt die

ausschlaggebenden Gründe für die Optimierung der Auftraggeber- und Mitarbei-
terzufriedenheit. Dabei liegt der Fokus auf folgender Forschungsfrage: *„Welche*
Unterschiede bezüglich Personalanforderungen zwischen klassischen Konformi-
tätsaudits und agilen Audits lassen sich identifizieren und wie beeinflussen diese
Unterschiede die Auftraggeber- und Mitarbeiterzufriedenheit?" Auf Seiten der
Mitarbeiter sind kurze Dokumentationsprozesse mit abgeleiteten verständlichen
Maßnahmen wichtig für die Zufriedenheit. Darüber hinaus sind digitale Prozesse mithilfe einer Audit-Software hilfreich, um die Beschäftigten zu entlasten
und Prozesse zu vereinfachen. Damit einher gehen kurze Auditprozesse sowie
die Einhaltung der geplanten Zeit. Positives Feedback und Wertschätzung des
Auditors steigert ebenfalls die Zufriedenheit und Motivation der Mitarbeiter. Für
das Qualitätsmanagement selbst bzw. für die Zertifizierungsstellen ist demgegenüber eine ausführliche Darstellung des Auditprozesses zufriedenstellend. Wichtig
ist abschließend auch die Umsetzung von Teammaßnahmen und Mitarbeiterge-
sprächen innerhalb der Einrichtung durch den Auftraggeber, um aufkommende
Probleme zu identifizieren und anzugehen und so die Zufriedenheit der Mitarbeiter zu erhöhen. Im Hinblick darauf, wie sich die Zufriedenheit der Mitarbeiter
und Auftraggeber durch agile Auditierung verändert hat, zeigen sich überwiegend
positive Auswirkungen. Das zeigt sich vor allem durch eine größere Wertschätzung der Auditoren durch die auditierten Bereiche. Der Grund dafür liegt in
den häufig kürzeren und flexibleren Auditprozessen, die vom Personal als angenehmer und sinnvoller empfunden werden. Daneben spielt auch die Atmosphäre
während des Auditvorgangs eine Rolle, die ebenfalls als angenehmer und weniger
als Prüfsituation empfunden wird.

Wird der unterschiedliche Personaleinsatz bei beiden Auditarten betrachtet,
wird deutlich, dass sich dieser am Zeitaufwand für einen Auditprozess orientiert.
Klassische Audits gehen mit einem größeren Zeitaufwand einher, weshalb mehr
Personal benötigt wird. Der Grund dafür ist insbesondere die nötige Konzentration während eines langen Auditprozesses. Neben der Durchführung ist auch der
Vorbereitungs- und Nachbereitungsprozess mit einem großen Aufwand verbunden, weshalb auch hier mehr Personal eingesetzt wird. Dementsprechend wird
bei einem agilen Audit häufig ein einzelner Auditor eingesetzt, da zumeist eine
kürzere Vorbereitungs-, Durchführungs- und Nachbereitungszeit vorliegt. Darüber
hinaus wird nach den Erfahrungen des Auditors unterschieden. Die Ergebnisse
zeigen, dass für die Durchführung agiler Audits auch weniger fortgebildetes Personal eingesetzt wird, sofern sich das Audit auf einen Teilprozess bezieht. Auch
die Eigenschaften des Auditors spielen eine zentrale Rolle im Personaleinsatz.
Für agile Audits sind Offenheit und Neugier von Vorteil, um sich mit neuen
Prozessen motiviert auseinanderzusetzen. Unabhängig der Art des Audits spielt

ein generalistischer Ansatz im Qualitätsmanagement eine wesentliche Rolle. Dieser beschreibt, dass alle Beschäftigten des Qualitätsmanagements in der Lage sind, alle Arten von Audits in einer Einrichtung durchzuführen. Dadurch wird ein entsprechender Personaleinsatz erleichtert. Damit ist dieser Ansatz gegensätzlich zu einem spezialistischen Ansatz zu betrachten, bei dem für jeden Bereich des Qualitätsmanagements nur ein Spezialist auditiert.

Auch die Kommunikation innerhalb des Teams spielt eine zentrale Rolle in der Beantwortung der Forschungsfrage. Diese ist in Bezug auf den agilen Ansatz positiv hervorzuheben. Im Vergleich zu den klassischen Auditprozessen hat sich die Kommunikation dahingehend verändert, dass weniger Zwischenschritte in der Kommunikation nötig sind, da der direkte Kommunikationsweg vom Qualitätsmanagement zu den beteiligten Personen gegeben ist. Daraus folgt, dass die Prozessbeteiligten besser aktiv in den Prozess miteinbezogen sind und dadurch ein besseres Prozessverständnis erlangt wird. Den bedeutsamsten Aspekt stellt die iterative Vorgehensweise bei agilen Audits dar. Die iterativen Zyklen zeichnen sich durch regelmäßige Kommunikation in den Zwischenschritten sowie kontinuierlichen Feedbackschleifen aus, um darauf aufbauend das weitere Vorgehen abzuleiten. Durch die striktere Planung und Vorgehensweise bei klassischen Konformitätsaudits, ist dies mit einer geringeren Kommunikation während des Prozesses verbunden.

Der Bereich der interdisziplinären Zusammenarbeit wurde aus den entwickelten Kategorien der quantitativen Ergebnisse als zusätzliche eigenständige Kategorie in den Interviewleitfaden aufgenommen und erläutert: *„Welche Auswirkungen hat die interdisziplinäre Zusammenarbeit unterschiedlicher Abteilungen auf die Auditstrukturen und -ergebnisse?"*. Die interdisziplinäre Zusammenarbeit im Rahmen von internen Audits spielt eine wesentliche Rolle und ist damit unerlässlich. Vor allem bei der Bearbeitung und Lösungsfindung von Problemen innerhalb der Audits steht sie im Fokus. Da Probleme häufig nicht nur eine Berufsgruppe betreffen und diese folglich interdisziplinär und interprofessionell angegangen werden sollten. Dadurch können Probleme aus verschiedenen Sichtweisen betrachtet und entsprechende Lösungen auf unterschiedliche Arten zusammengetragen werden. Die Relevanz ist sowohl auf klassische Konformitätsaudits als auch auf agile Audits zu beziehen. Dennoch unterscheidet sich das Ausmaß der interdisziplinären Zusammenarbeit je nach Art des Audits. Bei klassischen Konformitätsaudits, die in der Regel einen umfangreichen Auditprozess darstellen, werden darüber hinaus häufig Assistenzärzte und Chefärzte mit in den Prozess einbezogen. Bei agilen Audits wird dahingehend weiter differenziert, wie sie jeweils in den Krankenhäusern bzw. Einrichtungen Anwendung finden. Werden agile Audits in Krankenhäusern für die Prüfung von Teilprozessen eingesetzt,

kommt einer interdisziplinären Zusammenarbeit weniger Bedeutung zu. Wird
ein gesamter Auditprozess agil durchgeführt, bildet die interdisziplinäre Zusammenarbeit durch umfangreiche Prozesse mit anderen Abteilungen die Grundlage
dieser Audits. Dabei werden hauptsächlich Kundenerwartungen betrachtet, die
ohne eine ausreichende interdisziplinäre Betrachtung nicht identifiziert werden
können. Durch eine weitestgehend freie thematische Vorgehensweise im Auditprozess, die sich sowohl auf klassische als auch auf agile Audits bezieht, können
situationsbezogen weitere Fragen, über die geplanten Fragen hinaus, gestellt werden und im abschließenden Auditbericht dokumentiert werden. Dadurch wird
ermöglicht, situationsbezogen weitere Abteilungen und Bereiche zu auditieren
und dadurch einen bereichsübergreifenden Überblick zu erhalten. Dadurch ist der
Bezug der Gestaltungsfreiheit des Personals im Auditprozess zu der interdisziplinären Zusammenarbeit gegeben. Zusammenfassend lässt sich sagen, dass eine
interdisziplinäre Zusammenarbeit unterschiedlicher Beteiligter durchweg positive
Auswirkungen auf den Auditprozess zeigen. Durch die Beteiligung mehrerer Personen ist eine mehrperspektivische Betrachtung des gesamten Prozesses möglich,
wodurch Problemstellungen und dazugehörige Lösungsprozesse umfangreicher
angegangen werden können.

Abschließend lassen sich anhand der Ergebnisse beider Forschungsmethoden Verbesserungsansätze ableiten, die zu einer Optimierung des Auditprozesses
führen. Zum einen sollte an den Zertifizierungsmaßnahmen interner Audits angesetzt werden. Zertifizierungen werden einerseits für sinnvoll erachtet, da sie eine
gewisse Konformität in den Prozess einbringen. Allerdings erfolgen diese Audits
häufig aus der Pflicht heraus. Ein Ansatz zur Verbesserung besteht darin, Strukturen zu ändern und damit die intrinsische Motivation der Beschäftigten zur
Veränderung der Prozesse zu fördern. Damit würde die Mitarbeitermotivation und
-zufriedenheit steigen, was sich wiederum positiv auf den Auditprozess auswirkt.
Ein weiterer Appell der Befragten an die Zertifizierungsgesellschaften richtet
sich danach, interne agile Audits in den entsprechenden Normen zu berücksichtigen. Die Ergebnisse veranschaulichen, dass es nicht darum geht, die bestehenden
Konformitätsaudits durch agile Audits zeitnah zu ersetzen. Vielmehr wird dar-
auf hingewiesen, agile Audits vermehrt ergänzend heranzuziehen. Die qualitative
Analyse zeigt eine einheitliche Sichtweise aller Befragten bezüglich der Per-
spektiven agiler Audits. Demnach ist es sinnvoll, agile Audits künftig mehr im
Qualitätsmanagement der Krankenhäuser zu etablieren. Vorschläge zur besseren
Einführung agiler Audits basieren darauf, diese zunächst vor allem in kleineren
Einrichtungen mit geringeren Prozessstrukturen einzuführen und anschließend auf
größere Krankenhäuser auszuweiten.

Unter Hinzunahme der Verbesserungsvorschläge aus der quantitativen Forschung ergeben sich zusammenfassend folgende Aspekte zur optimierten Gestaltung interner Audits. Zum einen sind eine bessere Einbindung und Unterstützung der Führungskräfte im Auditprozess notwendig. Zum anderen spielt die Digitalisierung in Form von Online-Tools und Softwareunterstützung zur erleichterten Planung und Dokumentation eine wichtige Rolle. Als weiterer Punkt wurde der erhebliche Zeitaufwand der unterschiedlichen Komponenten eines Audits genannt. Angesichts des hohen Zeitaufwandes wurde angemerkt, mehr Zeit sowohl für die Planung als auch für die Durchführung und Nachbereitung eines Audits zu ermöglichen sowie die zeitlichen Ressourcen der Mitarbeiter zu optimieren. Darüber hinaus bilden mehr Personal, insbesondere im Bereich der Auditoren, eine erhöhte Mitarbeitermotivation sowie eine regelmäßigere und umfangreichere Fort- und Weiterbildung des Personals weitere Verbesserungsansätze. Besonders im Bereich der Auditprozesse wurden zahlreiche Optimierungsansätze genannt. Zu erwähnen sind hier vor allem eine erweiterte Kennzahlennutzung, die Optimierung der Auditfragen sowie eine verbesserte Maßnahmenverfolgung. In der interdisziplinären Zusammenarbeit wird primär eine interprofessionelle Besetzung des Auditteams und eine verstärkte Einbindung des Fachpersonals gewünscht.

9.1   Limitationen

Eine Herausforderung im Vorgehen dieser Arbeit war die Rekrutierung von Interviewteilnehmern, welche die festgelegten Auswahlkriterien und -voraussetzungen der Forschung erfüllen und somit als Experten in diesem Bereich gelten. Ein Grund hierfür kann sein, dass agile Audits in deutschen Krankenhäusern und Institutionen des Gesundheitswesens zum aktuellen Zeitpunkt wenig etabliert sind. Daraus folgt, dass das Verständnis der Befragten und die Definitionen eines agilen Audits als sehr subjektiv zu betrachten sind, da diese derzeit unterschiedlich in den Krankenhäusern und Institutionen umgesetzt werden. Dadurch erwies sich ein direkter Vergleich zwischen den untersuchten Krankenhäusern als schwierig. In Anbetracht der begrenzten Bearbeitungszeit dieser Abschlussarbeit und der Anwendung von zwei unterschiedlichen Forschungsmethoden, beläuft sich die Stichprobe der qualitativen Methodik auf nur drei Probanden. Jedoch verfolgt die qualitative Forschung nicht primär das Ziel, repräsentative Ergebnisse zu erzielen, sondern dient der Betrachtung von Einzelfällen und der Vertiefung der vorangegangen quantitativen Ergebnissen. Die Repräsentativität wurde durch die quantitative Befragung mit einer Rücklaufquote von 31 % erreicht. Dennoch würde eine größere Stichprobe weitere vertiefende Einblicke in diese Forschung ermöglichen.

Aus den vorliegenden Forschungsergebnissen geht hervor, dass agile Techniken wie Scrum oder Kanban aktuell wenig bis gar keine Anwendung in den befragten Krankenhäusern finden. Dementsprechend lag der Fokus nicht auf der umfangreichen Durchführung agiler Audits mit ihren agilen Methoden und Techniken, wie sie eingangs im Theorieteil dargestellt wurden. Folglich wurde auf die Ansätze agiler Audits Bezug genommen, wie sie derzeit in den Gesundheitseinrichtungen umgesetzt werden.

Als weitere Limitation dieser Arbeit kann aufgeführt werden, dass die Literaturrecherche auf deutsch- und englischsprachige Literatur beschränkt war. Somit konnten eventuelle Beispiele oder vergleichbare Methoden aus anderen Ländern nur begrenzt erhoben werden.

Fazit 10

Das grundlegende Ziel der Gesundheitsversorgung bildet eine flächendeckende Bereitstellung von Gesundheitsdienstleistungen höchster Qualität und Patientensicherheit. Dieses Ziel sieht sich zunehmend komplexen Veränderungen gegenüber, was einen Strukturwandel in der Krankenhauslandschaft bedingt. Der Wandel sieht einheitliche und spezialisierte Strukturen sowie eine gesteigerte Behandlungsqualität vor. Im klinischen Qualitätsmanagement der Krankenhäuser liegt der Fokus auf der Entwicklung und Implementierung neuer Qualitätsverfahren, um diesen Herausforderungen gerecht zu werden. Interne Audits spielen dabei eine zentrale Rolle bei der Sicherung der Patientenversorgung und der Verbesserung der Qualitätsstrukturen. Die Perspektiven interner Audits lassen sich anhand von quantitativen und qualitativen Verbesserungsansätzen darstellen. Die Einbeziehung der Führungskräfte in den Auditprozess sowie eine umfassendere Digitalisierung zur Dokumentation sind dabei von entscheidender Bedeutung. Darüber hinaus ist eine Optimierung des Zeitaufwandes und eine effizientere Nutzung von Personalressourcen erforderlich, um die Mitarbeiter- und Auftraggebermotivation zu steigern und bessere Auditergebnisse zu erzielen. Eine enge interdisziplinäre Zusammenarbeit ist unerlässlich, um Probleme aus verschiedenen Blickwinkeln zu betrachten. Flexiblere Auditprozesse mit kürzeren Reaktionszeiten sind entscheidend. Diese Aspekte zeigen, wie interne Audits gestaltet werden können, um Prozesse und Ergebnisse zu optimieren und eine bestmögliche Qualität zu gewährleisten.

Ein wesentlicher Ansatz zur Verbesserung liegt in der Anwendung agiler Arbeitsweisen. Diese zeichnen sich durch flexible und anpassungsfähige Strukturen aus, die es ermöglichen, auf komplexe Veränderungen zu reagieren. Die vorliegende Forschungsarbeit zeigt, dass im Bereich der internen Auditierung durch agile Audits Fortschritte erzielt werden können. Die Ergebnisse der

Mixed-Methods-Analyse verdeutlichen die Potenziale agiler Audits im Gesundheitswesen. Agile Audits kennzeichnen sich durch schnellere und flexiblere Planungsprozesse, was zu effektiveren und effizienteren Auditstrukturen führt. Risiken können besser identifiziert und durch direkte Maßnahmen angegangen werden. Weitere Vorteile agiler Audits liegen in der gesteigerten Zufriedenheit der Mitarbeiter und der hohen Akzeptanz.

Es ist wichtig zu beachten, dass klassische Konformitätsaudits und agile Audits nicht strikt voneinander getrennt werden sollten, da beide Audits Vor- und Nachteile haben. Abhängig vom Anwendungsbereich kann eine der beiden Auditarten besser geeignet sein, um optimale Ergebnisse zu erzielen. Die Ergebnisse zeigen, dass eine ergänzende Betrachtung beider Auditarten von Vorteil ist.

In einem weiteren Forschungsvorhaben könnte untersucht werden, wie sich agile Audits integrieren, die zukünftig umfassender mit agilen Techniken wie Scrum und Kanban im Qualitätsmanagement etabliert sind. Dabei wäre ein weiterer Vergleich zwischen Krankenhäusern oder anderen Gesundheitsinstitutionen denkbar. In diesem Zusammenhang wäre es interessant herauszufinden, wie sich agile Auditierung im Gesundheitswesen in anderen Ländern verhält. Durch diese internationale Betrachtung können hilfreiche Aspekte für das deutsche Gesundheitswesen abgeleitet werden.

Literaturverzeichnis

Agile Alliance (2019): Agile Manifesto. The 12 Principles of Agile. Im Internet unter: https://www.agilealliance.org/wp-content/uploads/2019/09/agile-manifesto-download-2019.pdf (Zugriff am 22.03.2024)

Agile Pulse (2020): How Agile is your Organization? Agile Pulse 2020 – the BearingPoint Agility Study.https://www.bearingpoint.com/files/BearingPoint_Studie_Agile_Pulse_2020.pdf?download=0&itemId=754381

Bandilla, W. (2015): SSOAR, Online-Befragung (Version 1.1). (GESIS Survey Guidelines). Mannheim: GESIS – Leibniz – Institut für Sozialwissenschaften.

Biedermann, H. / Kinz, A. (2021): Lean Smart Maintenance. Agiles, lern- und wertschöpfungsorientiertes Instandhaltungsmanagement. Springer Verlag, Wiesbaden.

Börchers, K. (2021): Qualität, Effizienz und Patientenwohl im Krankenhaus. DIN trifft LEAN – Konzepte mit Synergiepotenzialen. Springer Verlag, Wiesbaden.

Buchholtz, N. (2020): Voraussetzungen und Qualitätskriterien von Mixed-Methods-Studien in der mathematikdidaktischen Forschung. In: Journal für Mathematik-Didaktik, Heft 42, S. 219–242.

Bundesgesundheitsministerium (2023): Regierungskommission für eine moderne und bedarfsgerechte Krankenhausversorgung. Weiterentwicklung der Qualitätssicherung, des Qualitäts- und des klinischen Risikomanagements (QS, QM und kRM). Mehr Qualität – weniger Bürokratie.

Bundesministerium für Gesundheit (2019): Ratgeber Krankenhaus. Was Sie zum Thema Krankenhaus wissen sollten. Im Internet unter https://www.bundesgesundheitsministerium.de/fileadmin/Dateien/5_Publikationen/Gesundheit/Broschueren/Ratgeber_Krankenhaus_0619.pdf (Zugriff am 19.02.2024)

Bundesministerium für Gesundheit (2023): Krankenhausreform. Im Internet unter: https://www.bundesgesundheitsministerium.de/themen/krankenhaus/krankenhausreform.html?ref=marco.health&cHash=8303249f2b22da0e602aac584cc7e641 (Zugriff am 13.01.2024)

Brauweiler, J. / Will, M. / Zenker-Hoffmann, A. (2015): Auditierung und Zertifizierung von Managementsystemen. Grundwissen für Praktiker. Springer Verlag, Wiesbaden

Brell, C. / Brell, J. / Kirsch, S. (2017): Statistik von Null auf Hundert. Mit Kochrezepten schnell zum Statistik-Grundwissen. 2. Auflage. Springer Spektrum, Berlin

Böhmert, C. / Abacioglu, F. (2023): Grundlagenbeitrag: Quantitative Befragungen. In: Niemann, P., Van den Bogaert, V. & Ziegler, R. (Hrsg.): Evaluationsmethoden der Wissenschaftskommunikation. Springer Verlag, Wiesbaden

CFRR, Centre for Financial Reporting Reform (2018): Internal Audit Key Performance Indicators. https://cfrr.worldbank.org/publications/internal-audit-key-performance-ind icators

Clinotel (o.J.): Auditverfahren Im Krankenhaus. Im Internet unter: https://www.clinotel.de/ leistungen-fuer-krankenhaeuser/qualitaet/auditverfahren.html (Zugriff am 05.04.2024)

Crosscountry Consulting (2021): Understanding The Agile Audit: Processes, Principles, and People. Im Internet unter: https://www.crosscountry-consulting.com/insights/blog/ understanding-the-agile-audit/ (Zugriff am 13.02.2024)

Deutsche Gesellschaft für Qualität, DGQ (o.J.): Audit – was ist das? Im Internet unter: https://www.dgq.de/fachbeitraege/das-audit-kurz-und-kompakt-erklaert/ (Zugriff am 20.01.2024)

Deutsche Gesellschaft für Qualität, DGQ (o.J.) (a): Der Urquell des internen Audits. Im Internet unter https://www.dgq.de/fachbeitraege/prinzipien-des-internen-audits/ (Zugriff am 20.01.2024)

Deutsche Gesellschaft für Qualität, DGQ (2016): Manifest für Agiles Qualitätsmanagement. Im Internet unter: https://blog.dgq.de/manifest-fuer-agiles-qualitaetsmanagement/ (Zugriff am 23.01.204)

DGQ-Impulspapier (2024): Agile – Audits auf Basis agiler Methoden. Im Internet unter: https://info.dgq.de/acton/attachment/23495/f-8165497a-2a8c-49ec-a9c8-ad0db19b7dcc/ 1/-/-/-/-/Audits%20auf%20Basis%20agiler%20Methoden.pdf (Zugriff am 22.03.2024)

Dahl, C. (o.J.): Deutsche Gesellschaft für Qualität. Die sieben Grundsätze von Qualitätsmanagement. Im Internet unter: https://www.dgq.de/fachbeitraege/die-7-grundsaetze-des-qualitaetsmanagements/ (Zugriff am 23.01.2024)

Deutsche Krankenhausgesellschaft, DKG (2023): DKG verabschiedet Appell zur Krankenhausreform. Im Internet unter: https://www.dkgev.de/fileadmin/default/Mediapool/ 1_DKG/1.7_Presse/1.7.1_Pressemitteilungen/2023/2023-12-02_PM_DKG_zu_Appell_ zur_Krankenhausreform.pdf (Zugriff am 13.01.2024)

Deutsches Krankenhaus Institut (2020): Krankenhausstrategie 2020. https://www.dki.de/ fileadmin/forschungsberichte/studie_krankenhausstrategie_2020.pdf

Deutsches Krankenhaus Verzeichnis (2024): Krankenhaus-Suche. Im Internet unter: https://www.deutsches-krankenhaus-verzeichnis.de/app/suche (Zugriff am 13.01.2024)

Dlouhy, J. / Erler, S. / Wagner, J. (2021): A way to data culture. Kultur und Methoden im digitalen Wandel. In: Hofstadler, C. & Motzko, C. (Hrsg.): Agile Digitalisierung im Baubetrieb. Grundlagen, Innovationen, Disruptionen und Best Practices. Springer Verlag, Wiesbaden.

Döring, N. (2023): Forschungsmethoden und Evaluation in den Sozial- und Humanwissenschaften. 6. Auflage. Springer Verlag, Berlin

Döring, N. / Bortz, J. (2016): Datenerhebung. In: Döring, N. / Bortz, J.: Forschungsmethoden und Evaluation in den Sozial- und Humanwissenschaften. 5. Auflage. Springer Verlag, Heidelberg

Egelhaaf, B. (2023): Ökosysteme für Innovationen in der Sozialen Arbeit. Organisations- und sektorübergreifende Perspektiven. Springer Verlag, Wiesbaden

Englert, M. (2019): Exzellentes Kommunikations- und Projektmanagement in der digitalen Transformation und in exponentiellen Organisationen. In: Ternès, A. & Englert, M. (Hrsg.): Digitale Unternehmensführung: Kommunikationsstrategien für ein exzellentes Management. Springer Verlag, Wiesbaden

Flick, U. (2011): Triangulation. Eine Einführung. 3., aktualisierte Auflage. Springer Verlag, Wiesbaden

Flick, U. (2022): Gütekriterien qualitativer Sozialforschung. In: Baur, N. & Blasius, J. (Hrsg.): Handbuch Methoden der empirischen Sozialforschung. 3. Auflage. Springer Verlag, Wiesbaden

Feichtinger, C. (2023): Agiles Controlling. Anforderungen und Umsetzungsempfehlungen. In: Becker, W. & Ulrich, P. (Hrsg.): Agiles Controlling. Anforderungen und Umsetzungsempfehlungen. Springer Verlag, Wiesbaden

Franzke, B. / Zeitner, I. (2023): Qualitative Interviews. In: Hollenberg, S. & Kaup, C. (Hrsg.): Empirische Sozialforschung für die Polizei- und Verwaltungswissenschaften. Eine Einführung. Springer Verlag, Wiesbaden

Gebhart, V. / Perkhofer, S. / Tucek, G. (2023): Was ist qualitative Forschung? In: Ritschl, V., Weigl, R. & Stamm, T. (Hrsg.): Wissenschaftliches Arbeiten und Schreiben. Verstehen, Anwenden, Nutzen für die Praxis. 2. Auflage. Springer Verlag, Berlin

Gesellschaft für Qualitätsmanagement in der Gesundheitsversorgung e.V. (2017): Audits im Rahmen des klinischen Risikomanagements – Risikoaudits -. GQMG-Positionspapier. https://www.gqmg.de/media/redaktion/Publikationen/Positionspapiere/GQMG_PP._Audits_im_Rahmen_des_klinischen_Risikomanagements_01.05.17.pdf

Girnus, L. (2022): Qualitative Inhaltsanalyse. In: Weißeno, G. / Ziegler, B. (Hrsg.): Handbuch Geschichts- und Politikdidaktik. Springer Verlag, Wiesbaden

Goldenstein, J. / Hunoldt, M. / Walgenbach, P. (2018): Wissenschaftliche(s) Arbeiten in den Wirtschaftswissenschaften. Themenfindung – Recherche – Konzeption – Methodik – Argumentation. Springer Verlag, Wiesbaden

Hagenauer, G. / Gläser-Zikuda, M. (2022): Mixed Methods. In: Reinders, H., Bergs-Winkels, D. / Prochnow, A. / Post, I. (Hrsg.): Empirische Bildungsforschung. Eine elementare Einführung. Springer Fachmedien, Wiesbaden.

Hanika, H. (2019): Digitalisierung: Big Data und Big To-dos aus Sicht der Rechtswissenschaft. In: Pfannstiel, M.A., Da-Cruz, P. / Mehlich, H. (Hrsg.): Digitale Transformation von Dienstleistungen im Gesundheitswesen VI. Impulse für die Forschung. Springer Verlag, Wiesbaden

Hanschke, I. (2021): Digitaler Wandel – lean & systematisch. Disruptive und evolutionäre Innovationen ganzheitlich vorantreiben in Business & IT. Springer Verlag, Wiesbaden

Helfferich, C. (2011): Die Qualität qualitativer Daten. Manual für die Durchführung qualitativer Interviews. 4. Auflage. VS Verlag, Wiesbaden

Helfferich, C. (2014): Leitfaden- und Experteninterviews. In: Baur, N. & Blasius, J. (Hrsg.): Handbuch Methoden der empirischen Sozialforschung. Springer Verlag, Wiesbaden

Helfferich, C. (2019): Leitfaden- und Experteninterviews. In: Baur, N. / Blasius, J. (Hrsg.): Handbuch Methoden der empirischen Sozialforschung, 2. Auflage. Springer Fachmedien Wiesbaden GmbH

Helmold, M. (2022): Leadership. Agile, virtuelle und globale Führungskonzepte in Zeiten von neuen Megatrends. Springer Verlag, Wiesbaden

Helmold, M. / Dathe, T. (2023): Agilität als Erfolgsfaktor im Qualitätsmanagement. In: Helmold, M. / Laub, T. / Flashar, B. / Fritz, J. / Dathe, T. (2023): Qualität neu denken. Innovative, virtuelle und agile Ansätze entlang der Wertschöpfungskette. Springer Verlag, Wiesbaden.

Hillberg, K. (2020): Agiles Projektmanagement. 2., aktualisierte Auflage. Springer Verlag, Wiesbaden

Hexel, D. (2019): „Agile Mitbestimmung" – § 28a Betr.VG als Chance für mehr Selbstorganisation und Emanzipation der Arbeitnehmer. In: Arbeit und Recht. Deutsches und Europäisches Arbeitsrecht. 6. Ausgabe, Jahrgang 67, S. 255–263. https://www.jstor.org/stable/48572616

IBM SPSS Statistics (o.J.). Im Internet unter https://www.ibm.com/de-de/products/spss-statistics (Zugriff am 25.11.2023)

IQTIG, Institut für Qualitätssicherung und Transparenz im Gesundheitswesen (o.J.): Qualitätsindikatoren. Im Internet unter: https://iqtig.org/veroeffentlichungen/qidb/ (Zugriff am 22.03.2024)

Jedinger, A. / Michael, T. (2022): Interviewereffekte. In: Baur, N. & Blasius, J. (Hrsg.): Handbuch Methoden der empirischen Sozialforschung. Springer Verlag, Wiesbaden

Johner Institut (2023): Verfahrensanweisung für das QM erstellen. Im Inter-net unter https://www.johner-institut.de/blog/qualitaetsmanagement-iso-13485/verfahrensanweisungen-qualitaetsmanagement/ (Zugriff am 16.02.2024)

Kaiser, R. (2021): Qualitative Experteninterviews. Konzeptionelle Grundlagen und praktische Durchführung. 2. Auflage. Springer Verlag, Wiesbaden

Kammerhofer, H.D. (2015): Diplomarbeit. Qualitätscontrolling im Rahmen der Balanced Scorecard. Hochschule Mittweida

Kaplan, R.S. / Norton, D.P. (1997): The Balanced Scorecard. In: Harvard Business School Press (1996). Schäffer Poeschel

Kaufmann, S.H. (2021): Schülervorstellungen zu Geradengleichungen in der vektoriellen Analytischen Geometrie. Springer Verlag, Wiesbaden

Kassenärztliche Bundesvereinigung, KBV (2017): Strukturwandel gemeinsam bewältigen. Im Internet unter: https://www.kbv.de/media/sp/2017-05-22_KBV__Acht-Punkte-Programm_Strukturwandel.pdf (Zugriff am 23.03.2024)

Kelle, U. (2014): Mixed Methods. In: Baur, N. / Blasius, J. (Hrsg.): Handbuch Methoden der empirischen Sozialforschung. Springer Verlag, Wiesbaden

Kelle, U. (2017): Die Integration qualitativer und quantitativer Forschung – theoretische Grundlagen von „Mixed Methods". In: Kölner Zeitschrift für Soziologie und Sozialpsychologie, Heft 69. S. 39–61.

Kessler, S.H. / Wicke, N. (2023): Grundlagenbeitrag: Inhaltsanalysen inklusive Medienanalysen. In: Niemann, P. / Van den Bogaert, V. / Ziegler, R. (Hrsg.): Evaluationsmethoden in der Wissenschaftskommunikation. Springer Verlag, Wiesbaden

Kinkel, S. / Cherubini, E. / Beiner, S. (2022): Internationaler Vergleich: Deutsche Unternehmen hinken bei der Entwicklung digitaler Geschäftsmodelle hinterher. Agil Hybrid. Im Internet unter: https://agilhybrid.de/blog/internationaler-vergleich-deutsche-unternehmen-hinken-bei-der-entwicklung-digitaler-geschaeftsmodelle-hinterhere-unternehmen-und-die-entwicklung-digitaler-geschaeftsmodelle/ (Zugriff am 13.01.2024)

Kirchmair, R. (2022): Qualitative Forschungsmethoden. Anwendungsorientiert: vom Insider aus der Marktforschung lernen. Springer Verlag, Berlin.

Kleczewski, C. (2024): Agile Scrum Group. Was ist Kanban? Im Internet unter: https://agi lescrumgroup.de/kanban/ (Zugriff am 27.01.2024)

Kromrey, H. (2005): „Qualitativ" versus „quantitativ" – Ideologie oder Realität? Symposium: Qualitative und quantitative Methoden in der Sozialforschung: Differenz und/ oder Einheit? https://www.berliner-methodentreffen.de/wp-content/uploads/2020/07/kro mrey_2005.pdf

Kuckartz, U. (2014): Mixed Methods. Methodologie, Forschungsdesigns und Analyseverfahren. Springer Verlag, Wiesbaden

Kuckartz, U. / Ebert, T. / Rädiker, S. / Stefer, C. (2009): Evaluation online. Internetgestützte Befragung in der Praxis. https://link.springer.com/chapter/10.1007/978-3-531-91317-9_ 8

Kuckartz, U. / Rädiker, S. (2020): Fokussierte Interviewanalyse mit MAXQDA. Schritt für Schritt. Springer Verlag, Wiesbaden

Kühnapfel, J.B. (2019): Der grundsätzliche Aufbau einer Balanced Scorecard. 2. Auflage. Springer Verlag, Wiesbaden.

Lamnek, S. (2005): Qualitative Sozialforschung. Psychologie Verlags Union, Weinheim

Leicht, U. (2022): Erfolgsfaktoren des Supply-Chain-Risikomanagements in der Krise. Eine empirische Analyse kleiner und mittlerer B2C-Unternehmen in Deutschland am Beispiel der Coronapandemie. Springer Verlag, Wiesbaden

Liebold, R. / Trinczek, R. (2009): Experteninterviews. In: Kühl, S., Strodtholz, P. & Taffertshofer, A. (Hrsg.): Handbuch Methoden der Organisationsforschung. Quantitative und Qualitative Methoden. VS Verlag für Sozialwissenschaften, Wiesbaden

LimeSurvey Manual (2023): Wie man eine gute Umfrage erstellt (Anleitung). Im Internet unter: https://manual.limesurvey.org/How_to_design_a_good_survey_(guide)/de (Zugriff am 20.03.2024)

Loosen, W. (2016): Das Leitfadeninterview – eine unterschätzte Methode. In: Averbeck-Lietz, S. / Meyen, M. (Hrsg.): Handbuch nicht standardisierte Methoden in der Kommunikationswissenschaft. Springer Verlag, Wiesbaden

Martins, J. (2022): Key Performance Indicators (KPIs) – Definition, Beispiele und Vorteile. Im Internet unter https://asana.com/de/resources/key-performance-indicator-kpi (Zugriff am 10.03.2024)

Metag, J. / Scheu, M. (2023): Grundlagenbeitrag: Qualitative Befragungen im Kontext von Wissenschaftskommunikation. In: Niemann, P., Van den Bogaert, V. & Ziegler, R. (Hrsg.): Evaluationsmethoden der Wissenschaftskommunikation. Springer Verlag, Wiesbaden

Mertens, G. (2020): Die DIN EN ISO 9001:2015 und deren Umsetzung in der Praxis. In Leal, W. (Hrsg.): Qualitätsmanagement in der Gesundheitsversorgung. Springer Verlag, Berlin

Mey, G. / Mruck, K. (2020): Qualitative Interviews. In: Mey, G. & Mruck, K. (Hrsg.): Handbuch Qualitative Forschung in der Psychologie. Band 2: Designs und Verfahren, 2. Auflage. Springer Verlag, Wiesbaden

Michl, T. (2018): Das agile Manifest – eine Einführung. In: Bartonitz, M. / Lévesque, V. / Michl, T. / Steinbrecher, W. / Vonhof, C. / Wagner, L. (Hrsg.): Agile Verwaltung. Wie der Öffentliche Dienst aus der Gegenwart die Zukunft entwickeln kann. Springer Verlag, Berlin

Ministerium für Arbeit, Gesundheit und Soziales des Landes Nordrhein-Westfalen (2014). Im Internet unter: https://www.mags.nrw/ (Zugriff am 14.01.2024)

Misoch, S. (2019): Qualitative Interviews. 2., erweiterte und aktualisierte Auflage. Walter de Gruyter GmbH, Berlin/Boston

Möhring, W. / Schlütz, D. (2019): Die Befragung in der Medien- und Kommunikationswissenschaft. Eine praxisorientierte Einführung. 3. Auflage. Springer Verlag, Wiesbaden

Müller, B. (2007): Porters Konzept generischer Wettbewerbsstrategien. Präzisierung und empirische Überprüfung. Deutscher Universitäts-Verlag von Springer Science+Business, Wiesbaden.

Müller, A. (2021): Management von Intangible Assets. Springer Verlag, Wiesbaden.

Müller, K. (2022): Entwicklung eines High Performance Learning Journey Konzepts zur organisationalen Weiterbildung agiler Rollen im Rahmen von SAFe. Spezifiziert am Beispiel des Scrum Masters. Springer Verlag, Wiesbaden

Oedl, U. (2020): Man hat auch sein Recht! Pilotstudie mit qualitativen Interviews zum Politischen Bewusstsein von Kindern. Springer Verlag, Wiesbaden

Pawicki, M. (2014): Kuckartz, U. (2012). Qualitative Inhaltsanalyse. Methoden, Praxis, Computerunterstützung. Weinheim und Basel: Beltz Juventa, 188 S. [Rezension]. In: Journal for educational research online 6 (2014) 2, S. 141–145. https://www.semanticscholar.org/paper/Kuckartz%2C-Udo-(2012).-Qualitative-Inhaltsanalyse.-Pawicki/33fa58668059dc0d559781dbce987f749f5f889f

PEMPAL, Public Expenditure Management Peer Assisted Learning networks (2016): Quality assessment guide for public sector internal audit. A toolkit for quality improvement. https://www.pempal.org/knowledge-product/quality-assesment-quide-public-sector-internal-audit

Pempal Internal Audit Community of Practice (2020): Key Performance Indicators for internal audit function. https://www.pempal.org/sites/pempal/files/event/2020/Internal%20Audit%20COP%20Events/Jun02_Videoconference/files/kpi_pages.pdf

Perkhofer, S. (2016): Quantitative Forschung. In: Ritschl, V. / Weigl, R. / Stamm, T. (Hrsg.): Wissenschaftliches Arbeiten und Schreiben. Verstehen, Anwenden, Nutzen für die Praxis. Springer Verlag, Berlin Heidelberg

Pötters, P. / Leyendecker, B. (2017): Agiles Projektmanagement mit Scrum. In Niermann, P. F.-J. / Schmutte, A. M. (Hrsg.): Managemententscheidungen. Methoden, Handlungsempfehlungen, Best Practices, 2. Auflage. Springer Verlag, Wiesbaden

Prochazka, F. (2020): Vertrauen in Journalismus unter Online-Bedingungen. Springer Fachmedien, Wiesbaden

PWC (2014): Metrics by design. A practical approach to measuring internal audit performance. https://www.corporatecomplianceinsights.com/wp-content/uploads/2014/09/PWC-press-release-9-23-14.pdf

PWC (2018): Die agile Transformation. Unternehmen auf der Reise zur Anpassungsfähigkeit. Im Internet unter: https://www.pwc.de/de/prozessoptimierung/die-agile-transformation-unternehmen-auf-der-reise-zur-anpassungsfaehigkeit.pdf (Zugriff am 24.03.2024)

Raab-Steiner, E. / Benesch, M. (2015): Der Fragebogen. Von der Forschungsidee zur SPSS-Auswertung. 4. Auflage. Facultas Universitätsverlag, Wien

Raithel, J. (2008): Quantitative Forschung. Ein Praxiskurs, 2., durchgesehene Auflage. VS Verlag, Wiesbaden

Rädiker, S. / Kuckartz, U. (2019): Analyse qualitativer Daten mit MAXQDA. Text, Audio und Video. Springer Verlag, Wiesbaden

Reinders, H. (2011): Interview. In: Reinders, H. / Ditton, H. / Gräsel, C. / Gniewosz, B. (Hrsg.): Empirische Bildungsforschung. Strukturen und Methoden. VS Verlag.

Reinders, H. (2022): Interview. In: Reinders, H., Bergs-Winkels, D., Prochnow, Post, I. (Hrsg.): Empirische Bildungsforschung. Eine elementare Einführung. Springer Verlag, Wiesbaden

Reinders, H. / Post, I. (2022): Qualitative Auswertungsverfahren. In: Reinders, H., Bergs-Winkels, D., Prochnow, Post, I. (Hrsg.): Empirische Bildungsforschung. Eine elementare Einführung. Springer Verlag, Wiesbaden

Renner, K.H. / Jacob, N.C. (2020): Das Interview. Grundlagen und Anwendung in Psychologie und Sozialwissenschaften. Springer Verlag, Berlin

Roskam, A. (2020): Kognitive Verarbeitungsprozesse in der Interaktion mit Strömungsexperimenten in einer Ausstellung. Eine empirische Untersuchung mit Besuchenden an außerschulischen Lernorten im Küstenraum. Springer Verlag, Wiesbaden

Schönbucher, G. (2010): Unternehmerische Orientierung und Unternehmenserfolg. Eine empirische Analyse. Gabler Verlag. Springer Fachmedien, Wiesbaden

Schreier, M. / Breuer, F. (2020): Lehren und Lernen qualitativer Forschungsmethoden. In: Mey, G. / Mruck, K. (Hrsg.): Handbuch Qualitative Forschung in der Psychologie. Band 2: Designs und Verfahren, 2. Auflage. Springer Verlag, Wiesbaden

Staats, S. (2009): Metriken zur Messung von Effizienz und Effektivität von Konfigurationsmanagement- und Qualitätsmanagementverfahren. Wismarer Schriften zu Management und Recht. Band 32. 1. Auflage. Europäischer Hochschulverlag, Bremen

Sprenger, P. (2021): Prozesse bei der strukturierenden Mengenwahrnehmung und strukturnutzenden Anzahlbestimmung von Kindern im Elementarbereich. Eine Eye-Tracking Studie. Springer Verlag, Wiesbaden

Tremp, H. (2022): Agile objektorientierte Anforderungsanalyse. Planen – Ermitteln – Analysieren – Modellieren – Dokumentieren – Prüfen. Springer Verlag, Wiesbaden

Van Echtelt, R. (2020): Effizienz ermitteln und verbessern? So geht's! Im Internet unter https://www.ag5.com/de/effizienz-ermitteln-und-verbessern/ (Zugriff am 01.03.2024)

Von dem Berge, B. (2020): Teilstandardisierte Interviews. In: Tausendpfund, M. (Hrsg.): Fortgeschrittene Analyseverfahren in den Sozialwissenschaften. Ein Überblick. Springer Verlag, Wiesbaden

Wagner-Schelewsky, P. / Hering, L. (2022): Online-Befragung. In: Baur, N. & Blasius, J. (Hrsg.): Handbuch Methoden der empirischen Sozialforschung. 3. Auflage. Springer Verlag, Wiesbaden

Wallner, F. (2020): Qualitätsmanagement in der HNO – eine Standortbestimmung. Georg-Thieme-Verlag KG Stuttgart, New York.

Wichmann, A. (2019): Quantitative und Qualitative Forschung im Vergleich. Denkweisen, Zielsetzungen und Arbeitsprozesse. Springer Verlag, Berlin.

Wirtschaftspsychologische Gesellschaft, WPGS (2024): Gütekriterien wissenschaftlicher Forschung. Im Internet unter: https://wpgs.de/fachtexte/ergebnisinterpretation/guetekrit erien-wissenschaftliche-forschung/ (Zugriff am 23.03.2024)

www.ingramcontent.com/pod-product-compliance
Lightning Source LLC
Chambersburg PA
CBHW070129240225
22441CB00003B/94